개소리에 대하여

20주년 기념판

ON BULLSHIT

ON BULLSHIT

개소리에 대하여

필로소픽

목차

우리 문화에서 가장 눈에 띄는 특징 가운데 하나는 개소리가 너무도 만연하다는 사실이다. 모든 이가 이것을 알고 있다. 우리 모두 어느 정도는 개소리를 하고 다니니까. 그런데 우리는 이런 상황을 당연하게 여기는 경향이 있다. 사람들은 대부분 자신들이 개소리를 알아차리고 거기에 현혹되지 않을 정도의 지각은 갖추고 있다고 꽤 자만하고 있다. 그래서 개소리와 관련된 현상은 진지한 검토의 대상으로 부각되지 않았고, 지속적인 탐구의 주제가 되지도 않았다.

그 결과 우리는 개소리란 도대체 무엇인지, 왜 그토록 개소리가 많은지, 또는 개소리가 어떤 기능을 수행하는지 등에 대해 명확하게 이해하지 못하고 있다. 그리하여 우리는 개소리가 우리에게 어떤 의미가 있는지 면밀히 밝혀 올바로 인식하지 못하고 있다. 달리 말해서 우리에게는 개소리에 관한 이론이 없다. 나는 몇 가지 가설적이고 예비적인 철학적 분석을 제공함으로써 개소리를 이해하는 데 도움이 되는 이론을 발전시켜 보고자 한다. 개소리의 수사학적 이용 및 악용은 다루지 않을 것이다. 내 목적은 개소리의 본질이 무엇이고, 개소리가 아닌 것과 개소리가 어떻게 다른지에 대한 개략적인 설명을 제시하는 것이다. 조금 달리 말하자면, 개소리의 개념 구조를 개략적으로 규명하는 것이 나의 목적이다.

개소리를 구성하는 데 논리적으로 필요충분한 조건들이 무엇인지에 대한 어떠한 의견도 어느 정도는 자의적일 수밖에 없다. 우선, **개소리**라는 표현은 종종 꽤 느슨하게, 글자 그대로의 특수한 의미와 관계없이, 단순히 욕설을 가리키는 일반용어로 사용된다. 다음으로, 현상 자체가 매우 광범위하고 일정한 형태가 없기 때문에 뚜

렷하고 명쾌한 분석은 무리한 획일화가 되기 쉽다. 하지만 뭔가 도움이 되는 말은 할 수 있을 것이다. 비록 그 말이 결정적인 것이 되지는 못하겠지만. 사실 개소리에 관한 가장 기본적이고 예비적인 질문들도 대답되지 못할 뿐만 아니라 제기되지도 못한 채 끝날 것이다.

내가 알고 있는 한, 이 주제에 대해서는 거의 연구된 바가 없다. 나는 문헌 조사를 하지는 않았다. 문헌 조사를 어떻게 해야 할지 모른 것도 한 이유였다. 물론 꼭 참조해야 할 곳이 있었는데, 그것은《옥스퍼드 영어사전》이다.《옥스퍼드 영어사전》의 보충판supplementary volumes에는 개소리를 다룬 항목이 있다. 그리고 '불bull'이라는 단어 및 그와 관련된 용어들에 대한 다양한 연관 활용법 항목들도 있다. 앞으로 이들 항목 중 일부를 검토할 것이다. 나는 영어사전만을 참조했다. 왜냐하면 나는 불쉿 혹은 불에 해당하는 외국어를 모르기 때문이다. 또 다른 가치 있는 출처는 맥스 블랙Max Black의 《협잡의 만연》[1]이다. 나는 협잡*이 개소리와 의미상으로 얼마나 가까운지 확신하지 못한다. 물론 이 단어들이 완전히 자유롭게 호환되지는 않는다. 협잡과 개소리가 서로 다르게 사용되는 건 분명하다. 그러나 그 차이는 내가 주로 관심을 가지고 있는 엄격한 문자적 차원의 의미들과는 관련이 없어 보인다. 그보다는 대체로 점잔을 뺀다든가 혹은 다른 어떤 수사학적 변수를 염두에 둔다든가 하

1 Max Black, *The Prevalence of Humbug* (Ithaca: Cornell University Press, 1985).

* humbug. 사전적 의미는 사기, 협잡, 허풍, 허튼소리 등인데, 맥스 블랙의 책에서의 의미는 사기와 허풍 사이의 어디쯤인 뻥에 가까워 보인다. 그런데 뻥은 개소리보다 정중한 표현이라는 프랭크퍼트의 조건을 만족시키지 못하고, 허풍은 기만성이라는 조건을 충족시키지 못한다. 협잡 역시 거짓말에 미치지 못한다는 조건을 만족시키지 못하지만 여기서는 부득이 협잡으로 옮겼다. - 옮긴이

는 것과 관련 있어 보인다. "협잡이야![Humbug!]"라고 말하는 것은 "개소리야!"라고 말하는 것보다 훨씬 정중하고 덜 강렬하다. 이 책에서 나는 이 두 단어 사이에 다른 더 중요한 차이는 없다고 가정할 것이다.

블랙은 다음과 같은 협잡의 여러 동의어들을 제시한다: 허튼소리[balderdash], 쓸데없는 말[claptrap], 말도 안 되는 얘기[hokum], 실없는 소리[drivel], 헛소리[buncombe], 사기[imposture], 엉터리[quackery] 등. 이 기이한 동의어 목록은 별로 도움이 안 된다. 그러나 블랙은 또한 좀 더 직접적으로 협잡의 본질을 밝히는 문제를 다루면서, 다음과 같은 형식적 정의를 제안한다.

> **협잡**: 누군가가 자신의 생각, 느낌 또는 태도에 대해 특히 허세 부리는 말 또는 행동을 통해 기만적으로 부정확하게 진술하는 것으로,

거짓말에는 미치지 못함.[2]

이와 매우 비슷하게 개소리의 본질적 특징을 보여주는 정의를 그럴듯하게 제시할 수 있을지도 모른다. 그러한 특징들에 대한 별도의 설명을 제시하기에 앞서, 블랙의 정의에 나타난 다양한 요소를 살펴보도록 하겠다.

기만적인 부정확한 진술: 이 말은 췌언pleonastic [중복되는 의미의 단어들로 설명하는 것 - 옮긴이]으로 보인다. 의심할 여지 없이 블랙이 염두에 두고 있는 것은 협잡이 반드시 기만을 목적으로 설계되거나 의도된 것이지, 그 부정확한 진술이 단순히 부주의에서 나온 게 아니라는 점이다. 다시 말해, 협잡은 **의도적인** 부정확한 진술이다.

2 같은 책, 143쪽.

만일 기만하려는 의도가 협잡의 변치 않는 특징이라면, 개념적인 필연성에 의해 협잡이라는 것의 속성은 적어도 어느 정도는 행위자의 심리 상태에 따라 좌우된다. 따라서 그것은 단지 협잡을 행하는 발언 자체에만 속하는 어떤 속성들—내재적이든 관계적이든—과도 동일할 수 없다. 이런 점에서 협잡이 되기 위한 속성은 거짓말이 되기 위한 속성과 비슷하다. 거짓말이기 위한 속성은 틀림[falsity]과 다르며, 거짓말쟁이가 하는 진술이 지닌 다른 어떤 속성과도 같지 않다. 거짓말이 되려면 거짓말을 하는 사람이 특정한 심리 상태, 즉 기만하려는 의도를 가지고 진술해야 한다.

추가적인 질문은, 협잡이나 거짓말에 그러한 행위를 한 당사자의 의도와 믿음에 의존하지 **않는** 다른 본질적인 특징이 있는가, 아니면 반대로 어떤 발화이든—화자가 특정한 심리 상태에 있다면—협잡이나 거짓말의 전달 수단이 될 수 있는가, 하는 것이다. 거짓말에 대한 일부 설명에 따르면 잘못된 진술이 행해지지 않는 한 거짓말은 없다. 다른 설명에서는, 그 자신이 그 진술이 잘못된 것이라고 믿고 기만하기 위해서 그런 진술을 하는 한, 그의 진술이 참이라 하더라도 그는 거짓말을 하는 것일 수 있다. 그렇다면 협잡과 개소리는 어떤가? 어떠한 발언도 (말하자면) 발언자가 정말로 그럴 마음을 품고 있다면, 협잡이나 개소리의 조건을 갖추게 되는 것일까? 아니면 발언 자체에 그것만의 어떠한 특성이 있어야만 하는 걸까?

거짓말에 미치지 못함: 협잡이 '거짓말에 미치지 못한다'는 말의 취지 가운데 일부는 협잡이 거짓말의 눈에 띄는 특징을 일부 가지고 있으면서도, 갖추지 못한 특징들도 있다는 것이다. 하지만 이것이 취지의 전부라고는 할 수 없다. 결국 언어의 모든 사용은 예외 없이 거짓말의 특징적인 속성을 전부는 아니지만 일부 가지고 있다. 만일 다른 속성이 없다면, 적어도 언어의 사용이라는 단순한 속성이라도 가진다. 그러나 모든 언어 사용을 거짓말에 미치지 못하는 것으로 기술하는 것은 분명 옳지 않을 것이다.

블랙의 문구는 어떤 종류의 연속체continuum[한 상태에서 다른 상태로 급격한 변화 없이 점진적으로 이행하는 것 - 옮긴이] 개념을 떠올리게 한다. 이 연속체에서 거짓말은 특정한 구간segment을 점유하는 반면, 협잡은 이와 겹치지 않는 그 이전의 점들에 위치한다. 오직 거짓말에 이르기 전에만 협잡과 마주칠 수 있는 연속체는 과연 어떤 종류의 연속체일까? 거짓말과 협잡은 모두 부정확한 유형의 진술들이다. 그러나 언뜻 보기에는 이 부정확한 진술의 변종들 사이의 차이가 어떻게 정도의 차이로 해석될 수 있는지 분명하지 않다.

특히 허세 부리는 말 또는 행동을 통해: 여기서는 두 가지 점에 주목해야 한다. 첫째, 블랙은 협잡을 단순히 말하기의 범주로만 간주하는 게 아니라 행동의 범주로도 간주하고 있다. 협잡은 말 또는 행동으로 완수될 수 있다. 둘째, 블랙이 사용하는 수식어 '특히'는 그가 허세 부리기를 협잡의 본질적인 또는 전적으로 필요불가결한 특징으로 여기지 않는다는 것을 보여준다. 의심할 여지 없이 협잡은 대개 허세를 부린다. 개소리에 관해서는, 더욱이 '허세 부리는 개소리'는 판에 박은 문구에 가깝다. 하지만 나는 개소리가 허세를 부릴 때는, 허세 부리기가 개소리의 본질을 구성하기 때문이 아니라 개소리의 동기이기 때문에 그런 일이 일어난다고 보고 싶다.

어떤 사람이 허세 부리는 행동을 한다는 사실은 그의 발언을 개소리의 사례로 만드는 데 필요한 구성 요소가 아닌 것으로 보인다. 그 사실은 분명히, 종종 그 사람이 그런 발언을 하는 이유를 설명해 준다. 그러나 개소리의 동기가 항상, 그리고 반드시 허세 부리기라고 전제해서는 안 된다.

자신의 생각, 느낌, 또는 태도를 부정확하게 진술하기: 협잡의 행위자가 본질적으로 그 자신에 대해 부정확하게 진술한다는 이 항목은 매우 중요한 쟁점을 낳는다. 우선, 어떤 사람이 의도적으로 **어떤 것**에 대해 부정확하게 진술할 때마다, 그는 불가피하게 그 자신의 심리 상태까지도 부정확하게 진술할 수밖에 없다. 물론 어떤 사람이 실제로는 가지지 않은 욕구나 느낌을 가진 것처럼 가장함으로써 심리 상태 하나만을 부정확하게 진술하는 것은 가능하다. 그러나 거짓말을 하거나 다른 식으로 무언가를 부정확하게 진술하는 어떤 사람을 가정해 보자. 그러면 그는 필연적으로 적어도 두 가지를 부정확하게 진술할 수밖에 없다. 그는 자신이 말하고 있는 바, 즉 담론의 주제 또는 지시 대상이 되는 사태*가 무엇이든 간에 그에 대해 부정확하게 진술한다. 그리고 그렇게 함으로써 그는 자신의 마음에 대해서도 부정확하게 진술하는 것을 피할 수 없다. 따라서 자기 주머니에 돈이 얼마나 있는지에 대해 거짓말을 하는 사람은, 자기 주머니에 있는 돈이 얼마인지를 말하는 동시에 자신이 그 말을 믿는다는 사실도 전달하는 셈이다.

* 여기서 '사태'는 'state of affairs'를 철학에서 쓰이는 개념으로 번역한 것으로, 참 또는 거짓이 될 수 있는 진술이 가리키는 내용이다. 사태 가운데 실재하는 것이 사실이다. – 옮긴이

거짓말이 성공하면, 거짓말에 속은 사람은 거짓말한 사람의 주머니에 있는 것에 대해서 속고, 거짓말한 사람의 심리 상태에 대해서 잘못된 믿음을 가지게 됨으로써 이중으로 속게 된다.

이렇게 볼 때 블랙은 협잡이 지칭하는 것들이 모든 경우에 화자의 심리 상태이기를 바라는 것 같지는 않다. 결국 협잡이 다른 것들에 관한 것이 아닐 특별한 이유가 없다. 블랙은 아마도 협잡이 어떤 사안이 주제이든 간에 주로 그것에 대한 잘못된 믿음을 듣는 이에게 주려고 설계된 것은 아니라는 뜻으로 말했을 것이다. 그보다는 화자의 마음속에서 어떤 일이 일어나고 있는지에 대해 듣는 이에게 잘못된 인상을 주는 것이 협잡의 주된 의도라는 의미였을 것이다. 협잡에 관한 한 이러한 인상을 만들어내는 것이야말로 주된 목적이자 핵심이라는 것이다.

이런 식으로 블랙을 이해하면, 협잡이 '거짓

말에 미치지 못한다'는 그의 정의를 설명해 주는 전제가 드러난다. 만일 당신에게 내가 돈이 얼마나 있는지에 대해 거짓말을 한다면, 나는 나의 믿음들에 관해 **명시적인** 주장을 하는 것은 아니다. 따라서 우리는 어느 정도의 개연성을 가지고 이렇게 주장할 수도 있다. 비록 거짓말을 할 때 나는 내가 생각하는 바에 대해 부정확하게 진술하는 게 분명하지만, 이 부정확한 진술은—내가 주머니에 가지고 있는 것에 대해 부정확하게 진술하는 것과는 달리—엄밀히 말해서 전혀 거짓말이 아니다. 왜냐하면 나는 내 생각에 대해서는 어떤 것도 진술을 통해 털어놓고 있지 않기 때문이다. 내가 주장하는 진술—예를 들어 '나는 주머니에 20달러가 있다'—은 어떤 믿음이 내게 귀속된다는 어떠한 진술도 함축하고 있지 않다.

반면에 그렇게 주장할 때 나는 당신에게 내

가 믿는 바에 대해 어떤 판단을 내리도록 합리적인 근거를 제공하고 있다는 것은 의심의 여지가 없다. 특히 나는 당신으로 하여금 내가 주머니에 20달러가 있음을 믿는다고 추정하도록 합리적인 근거를 제공한다. 이러한 추정은 우리의 전제에 따라 거짓이므로, 거짓말을 할 때 나는 내가 무슨 생각을 하고 있는지에 대해 당신을 속이려고 하는 것이다. 비록 내가 실제로는 그것에 대해 거짓말을 하지 않더라도 말이다. 이러한 점에 비추어, 내가 '거짓말에 미치지 않는' 방식으로 나 자신의 믿음을 부정확하게 진술하고 있다고 간주하는 것은 부자연스럽거나 부적절해 보이지 않는다.

협잡에 대한 블랙의 설명이 문제없이 사실로 확인되는 친숙한 경우를 생각하기는 쉽다. 독립기념일을 맞아 연설을 하는 사람을 생각해 보자. 연설자는 '건국의 아버지들이 신의 가호 아래 인류를 위해 새로운 기원을 창조했던 우리의 위대하고 축복받은 조국'에 대해 과장되게 떠들어댄다. 이것은 분명히 협잡이다. 블랙의 설명이 암시하듯, 연설자는 거짓말을 하고 있지는 않다. 그는 청중들에게 우리의 조국이 정말로 위대한지, 실제로 축복을 받았는지, 건국의 아버지들이 진짜로 신의 가호를 받았는지, 그리고 그들이 실제로 새로운 기원을 창조했는지 등에 대해 그 자신이 옳지 않다고 생각하는 믿음을 불러일으키려고 의도하는 경우에만 거짓말을 하는 것이 된다. 그러나 연설자는 청중들이 건국의 아버지에 대해 또는 우리 조국의 역사에서 신의 역할 등에 대해 무슨 생각을 하든 별로 신경 쓰지 않는다. 적어도 이 문제를 사람들이 어떻게 생각하는지에 대한 관심이 그가 연설하는 동기는 아니다.

독립기념일 연설을 협잡으로 만드는 것은 근

본적으로 연설자가 자신의 발언을 거짓이라고 여긴다는 점 때문이 아님은 분명하다. 오히려 블랙의 설명이 암시하듯, 연설자는 이런 발언이 자신에 대한 어떤 인상을 전달하기를 의도하고 있다. 그는 미국사와 관련하여 사람들을 기만하려는 것이 아니다. 그가 관심을 두고 있는 것은 사람들이 자신에 대해 어떻게 생각할 것인가 하는 문제다. 그는 사람들이 자신을 애국자로, 조국의 기원과 사명에 대해 깊은 생각을 지닌 사람으로, 미국 역사의 위대함에 깊은 관심을 가진 사람으로, 역사에 대한 자부심과 신 앞의 겸허함을 겸비한 사람으로 여겨주기를 바라고 있다.

그렇다면 협잡에 대한 블랙의 설명은, 어떤 전형적인 사례에 꽤 잘 들어맞는 것처럼 보인다. 그럼에도 불구하고, 나는 그 설명이 적절하게 혹은 정확하게 개소리의 본질적 특성을 집

아내고 있다고는 생각하지 않는다. 블랙이 협잡에 대해 말한 것처럼, 개소리에 대해서도 그것이 거짓말에 미치지 못하며, 또한 개소리를 하는 사람은 자신에 대해 어떤 식으로 부정확한 진술을 한다고 말하는 것은 옳다. 그러나 이 두 특징에 대한 블랙의 설명은 과녁에서 상당히 벗어나 있다. 나는 다음에서 비트겐슈타인에 대한 일부 전기적인 자료를 검토함으로써 개소리의 핵심적인 특징들이 정확히 무엇인지에 대해 예비적이지만 보다 정확하게 초점을 맞춘 이해를 진전시켜 볼 것이다. 비트겐슈타인은 언젠가 롱펠로의 시가 자신의 모토가 될 수 있을 거라고 말했다.[3]

---

3 이것은 노먼 맬컴이 러시 리스가 편집한 《비트겐슈타인 회상록》(필로소픽, 2017)의 〈서문〉에서 밝힌 이야기다. *Recollections of Wittgenstein*, ed. R. Rhees (Oxford: Oxford University Press, 1984), p. xiii.

더 오래전 예술의 시대에는
건축가들이 최고의 세심함을 기울여 공들여 만들었지
매 순간 보이지 않는 부분까지도,
신들이 모든 곳에 계셨으므로.

이 구절의 요점은 분명하다. 옛날에 장인들은 일할 때 쉽게 하려고 요령을 피우지 않았다. 그들은 세심하게 일했고, 일의 모든 측면을 면밀히 살폈다. 제품의 모든 부분을 꼼꼼히 검토하였고, 각 제품들은 마땅히 그래야 하는 대로 설계되고 만들어졌다. 옛 장인들은 자기 작품에서 보통은 눈에 보이지 않는 특징들에 대해서조차 사려 깊은 자기 규율을 느슨히 하지 않았다. 비록 그 특징들이 제대로 구현되지 않더라도 아무도 눈치채지 못했겠지만, 장인들은 양심 때문에 괴로워했을 것이다. 따라서 아무것도 양탄자 밑에 쓸어 담듯 숨기지 않았다. 혹은 이렇게 말할 수도 있을 것이다. 개수작bullshit 따위는 존재하지 않았다고.

부주의하게 만든 조잡한 물건이 어떤 면에서 개소리와 비슷하다고 이해하는 것은 타당해 보인다. 그런데 어떤 면에서 그럴까? 개소리 자체가 항상 부주의하게 혹은 제멋대로의 방식으로 생산된다는 점, 개소리는 결코 세심하게 만들어지지 않는다는 점, 개소리를 지어낼 때 롱펠로가 넌지시 말했던 저 꼼꼼한 주의를 기울이지 않는다는 점 등이 비슷한가? 개소리를 하는 사람은 천성이 별 생각이 없는 멍청이인가? 그의 생산물은 언제나 너절하고 조야한가? '똥shit'이라는 말은 분명히 그렇다는 걸 암시한다. 대변은 설계되거나 수공예로 만드는 게 아니다. 그것은 그냥 싸거나 누는 것이다. 그것은 다소 엉겨 붙은 모양일 수도 있고 그렇지 않을 수도 있지만, 어떤 경우에도 **공들여 만든** 것은 아니다.

따라서 세심하게 만든 개소리라는 개념에는 어느 정도의 내적 긴장이 있다. 세부에 대한 사려 깊은 주의는 규율과 객관성을 요구한다. 그것은 충동이나 변덕에 빠지지 않게 막는 표준과 제한을 받아들이게 만든다. 이렇게 자기를 억제하는 것은 개소리와는 어울리지 않는 것으로 여겨진다. 그러나 실제로 그것이 불가능한 것은 아니다. 광고와 홍보의 영역 및 오늘날 이와 밀접히 연관된 정치 분야는 개소리의 사례들로 온통 가득 차 있다. 그리하여 이들 분야는 반론의 여지 없이 개소리라는 개념의 고전적 전형들을 제공할 수 있다. 그리고 이들 분야에는 절묘하게 세련된 장인들이 있다. 이들은 난이도 높은 선진 기법의 시장조사, 여론조사 및 심리테스트 기술 등의 도움으로, 자기들이 생산한 말과 이미지가 정확하게 전달되도록 지칠 줄 모르고 전념한다.

그러나 이에 관해 뭔가 더 말해야 할 게 있다. 아무리 학구적으로 성실하게 한다 해도, 개소리쟁이들이 또한 무언가를 들키지 않고 교묘히 처리하려고 든다는 점은 여전하다. 개소리쟁이의 작업에는 분명 게으른 장인의 작업과 마찬가지로 어떤 종류의 부정확함이 있어서, 객관적이고 엄격한 규율의 요구에 저항하고 거기서 벗어나려고 한다. 이와 관련된 부정확함의 양상은 분명히 세부 사항에 대한 단순한 부주의나 태만함과 동일시될 수 없다. 그 점에 대해서는 적절한 때에 좀 더 정확히 밝혀 보도록 하겠다.

비트겐슈타인은 자신의 철학적 역량 대부분을 은밀하면서도 파괴적인 형태의 '헛소리nonsense'라고 간주한 것들을 규명하고 방지하는 데 바쳤다. 그는 분명히 사생활에서도 그렇게 살았는데, 이런 모습은 파니아 파스칼[비트겐슈타인의 러시

아어 개인 교사 – 옮긴이]과 관련한 일화에서 잘 드러난다. 파스칼은 1930년대에 케임브리지에서 비트겐슈타인을 알고 지냈다.

> 내가 편도신을 제거하고 이블린 요양원에서 혼자 한탄하고 있을 때, 비트겐슈타인이 찾아왔다. 나는 "마치 차에 치인 개가 된 느낌이에요"라고 죽는소리를 했다. 그는 대번에 혐오스러워하는 기색을 보였다. "당신은 차에 치인 개가 무엇을 느끼는지 알 수 없소."[4]

지금에 와서 그때 실제로 무슨 일이 있었는지 누가 알 수 있겠는가? 파스칼이 했다는 말에 그처럼 진지하게 반론을 제기한 사람이 있다는 것은 기이한 일이며, 거의 믿을 수 없을 정도다. 파스

4 Fania Pascal, "Wittgenstein: A Personal Memoir," in R. Rhees, *Recollections of Wittgenstein*, 28~29쪽.

칼이 느낌을 묘사한 표현은—말 그대로 상투어 "개처럼 아프다sick as a dog"[몸이 몹시 안 좋다는 뜻의 관용어 - 옮긴이]와 너무도 천진할 정도로 비슷하다—혐오감처럼 생생하고 강렬한 반응을 불러일으킬 정도로 도발적이지는 않다. 만일 파스칼의 비유가 불쾌했다면, 어떤 비유적인 혹은 암시적인 언어를 사용해야 그렇지 않을 수 있겠는가?

그렇다면 아마도 실제로는 파스칼이 말한 것과는 꽤 다른 일이 일어났을 수도 있다. 아마도 비트겐슈타인은 사소한 농담을 하려던 것이었는데 의도한 대로 되지 않은 것일지도 모른다. 그저 재미로 약간 과장하여 파스칼에게 화나서 소리치는 척한 것뿐인데, 파스칼이 그의 말투와 의도를 잘못 이해한 것일 수도 있다. 파스칼은 비트겐슈타인이 자기 말에 역겨워했다고 생각했지만, 사실 그는 단지 농담으로 과장되게 비난이나 희롱을 하는 척하면서 그녀를 재미있게 해주려고 했을 수도 있다. 그런 경우라면 이 사건은 전혀 믿을 수 없다거나 기이한 것만은 아니다.

그러나 만일 파스칼이, 비트겐슈타인이 단지 놀리고 있을 뿐이라는 것을 인지하는 데 실패했다면, 아마도 그가 진지했을 가능성이 어느 정도는 있었을 것이다. 파스칼은 비트겐슈타인을 잘 알았고, 그에게서 무엇을 기대할 수 있는지도 알았으며, 그가 그녀의 기분을 어떻게 만드는지도 알았다. 비트겐슈타인의 발언에 대한 파스칼의 이해 혹은 몰이해 방식이 그가 어떤 사람인지에 대한 그녀의 감각과 부조화를 이룰 가능성은 낮아 보인다. 그래서 우리가 이렇게 가정하는 것은 정당하다. 비록 그 사건에 대한 그녀의 설명이 비트겐슈타인의 의도와 관련된 사실에는 엄밀하게 정확하지는 않더라도, 그녀가 비트겐슈타인에 대해 갖고 있는 관념에 비추어서는 충분히 정확하다고. 나는 파스칼의 설명을 액면 그대로 수용할 것이며, 비트겐슈타인이 실제로 그녀가 말한 대로 암시적이고 비유적인 언어 사용에 대해서 터무니없이 비상식적인 태도를 보였다고 가정할 것이다.

그렇다면 비트겐슈타인은 정확히 무엇 때문에 그녀의 말이 불쾌하다고 여긴 것일까? 사실에 대해서는 그가 옳다고 가정하자. 즉 차에 치인 개가 어떻게 느끼는지 파스칼이 정말로 모른다고 가정하자. 그렇다 하더라도, 자신이 느낀 바를 말할 때, 그녀는 분명히 **거짓말하고** 있는 것은 아니다. 만약 그런 발언을 했을 때, 자기가 사실은 기분이 좋은 상태라는 것을 알고 있었다면, 그녀가 거짓말을 했다고 할 수 있다. 아무리 그녀가 개들의 삶에 대해 알지 못한다 하더라도, 차에 치인 개가 기분이 좋을 리 없다는 것은 파스칼에게 분명했을 것이기 때문이다. 따라서 만일 그녀 자신이 실제로 기분이 좋았다면, 그녀가 차에 치인 개처럼 느꼈다고 주장하는 것은 거짓말이 되고 말 것이다.

비트겐슈타인은 거짓말 때문이 아니라 다른 종류의 부정확한 진술 때문에 파스칼을 비난하려 한다. 그녀는 자신의 느낌을 '차에 치인 개의 느낌'으로 묘사한다. 그러나 그녀는 이 구절이 지칭하는 그 느낌에 대해 알고 있지 않다. 물론 그 구절은 그녀에게 완전한 난센스인 것은 결코 아니다. 그녀는 결코 뜻 모를 말gibberish을 하지 않았다. 그녀가 한 말은 쉽게 이해할 수 있는 함축적 의미가 있고, 그녀는 그 의미를 확실히 이해하고 있다. 게다가 그녀는 그 구절이 지칭하는 느낌의 성질에 대해 무언가를 알고 있다. 그녀는 적어도 그것이 바람직하지 않은, 즐겁지 않은, **나쁜** 느낌이라는 것을 알고 있다. 그녀의 발언에서 문제가 되는 점은 그것이 단순히 그녀가 좋지 않은 감정을 느꼈다는 것 이상의 무언가를 전달하려고 꾀한다는 사실이다. 그녀는 느낌을 너무 구체적으로 묘사했다. 그것은 지나치게 특수하다. 여기서 말하는 것은 여느 나쁜 느낌이 아니라, 그녀의 설명에 따르면, 개가 차에 치였을 때 느끼는 독특한 종류의 나쁜 느낌이다. 그의 반응에서 판단해 볼 때, 파스칼의 이야기 속 비트겐슈타인에게는 이것이야말로 바로 개소리였을 것이다.

파스칼이 자신의 느낌을 묘사한 것을 비트겐슈타인이 정말로 개소리의 사례로 간주했다고 가정해 보자. 비트겐슈타인은 왜 그런 식으로 생각하게 되었을까? 나로서는 비트겐슈타인이, 파스칼의 말이—일단 거칠게 표현하자면—진실에 대한 관심과 연결되어 있지 않다고 간주했기 때문에 그랬을 것이라고 믿는다. 그녀의 진술에는 실제를 묘사한다는 기획의도enterprise가

담겨 있지 않다. 그녀는 심지어, 아주 희미한 정도를 제외하면, 차에 치인 개가 어떻게 느끼는지 안다고 생각조차 하지 않는다. 따라서 자신의 느낌에 대한 그녀의 묘사는 단지 지어낸 어떤 것이다. 그녀는 그것을 순전히 꾸며낸 것이다. 혹은 만일 그 묘사가 다른 누군가에게서 얻은 것이라면, 그녀는 그것을 별생각 없이 그리고 사태가 실제로 어떠한지에 대한 고려 없이 되풀이하고 있는 것이다.

비트겐슈타인이 파스칼을 꾸짖은 것은 바로 이 '생각 없음' 때문이다. 그가 역겨워했던 까닭은 파스칼이 심지어 자기의 발언이 올바른 것인지에 대해 관심조차 없었기 때문이다. 물론 그녀가 생생하게 표현하거나 쾌활하거나 유머 있는 사람으로 보이려고 약간 어설픈 노력을 하는 가운데 그런 말을 했을 가능성이 높다. 그리고 의심할 여지 없이 비트겐슈타인의 반응은 그녀가 해석했듯이 터무니없이 편협했다. 그렇다 치더라도, 그 반응이 무엇인지는 분명해 보인다. 비트겐슈타인은 그녀가 관련 사항들에 의식적으로 주의를 기울이지 않고 생각 없이 느낌을 말한 걸로 여긴 것처럼 반응했다. 그녀의 진술은 '최고의 세심함을 기울여 공들여 만들어낸' 것이 아니었다. 그녀는 진술의 정확성이라는 문제를 전혀 신경도 쓰지 않고 진술을 만들어냈다.

비트겐슈타인을 불편하게 만든 핵심은 분명히 파스칼이 자신의 느낌을 표현할 때 실수를 저질렀기 때문이 아니다. 심지어 그녀가 부주의한 실수를 저질러서도 아니다. 그녀의 소홀함 또는 관심 부족은 주의를 기울여 일을 제대로 처리하는 데 어떤 부주의나 순간적인 태만함 때문에 실수가 말 속으로 미끄러져 들어가도록 허용했다는 문제가 아니다. 비트겐슈타인이 볼 때 핵심은 오히려 파스칼이 현실을 정확하게 묘사하려 할 때 요구되는 제약에 성실히 따르지 않은 채 어떤 사태를 묘사했다는 것이다. 파스칼의 잘못은 일을 제대로 처리하지 못했다는 것이 아니라, 시도조차 하지 않았다는 데 있다.

이것은 비트겐슈타인에게 중요한 문제다. 왜냐하면 그것이 정당하든 아니든, 그는 파스칼의 말을 진지한 진술로, 즉 그녀의 느낌에 대해 유용한 정보를 제공하는 표현으로 받아들였기 때문이다. 비트겐슈타인은, 그녀가 참인 것과 거짓인 것을 구분하는 게 중요한 활동을 하면서도, 자신이 말하는 게 참인지 거짓인지에 관심을 기울이지 않은 것으로 이해한다. 파스칼의 진술이 진리에 대한 관심과 무관하다는 것은 이런 의미에서다. 그녀는 자신이 하는 말의 진릿값에 관심이 없다. 이것은 그녀가 거짓말을 한다고 볼 수 없는 이유다. 왜냐하면 그녀는 자신이 진리를 안다고 여기지 않으며, 따라서 거짓이라고 여기는 진술을 의도적으로 전파할 리는 없기 때문이다. 그녀의 진술은 그것이 참이라는 믿음에 근거하고 있지 않으며, 거짓말이라면 응당히 그러해야 할, 그것이 참이 아니라는 믿음에 근거하고 있지도 않다. 이처럼 진리에 대한 관심에 연결되어 있지 않다는 것, 즉 사태의 진상이 실제로 어떠한지에 관심이 없다는 것, 이것이 바로 내가 개소리의 본질이라고 보는 것이다.

이제 나는 개소리의 본성을 규명하는 데 도움이 되는 《옥스퍼드 영어사전》의 일부 항목들을 (아주 선택적으로) 검토할 것이다. 《옥스퍼드 영어사전》은 **불 세션**bull session을 "격식에 얽매이지 않는, 특히 남자들 집단의 대화 또는 토론"이라고 정의하고 있다. 그런데 이는 잘못된 정의로 보인다. 먼저 사전은 분명히 **불 세션**에서 'bull'이라는 용어의 사용이 주로 성 정체성을 보여주는 데 기여한다고 가정하고 있다. 하지만 비록 불 세션의 참가자들이 일반적으로 또는 전형적으로 남자라는 것이 사실이라 하더라도, 불 세션이 본질적으로 남자들 사이의 격의 없는 토론 이상의 특별한 게 없다는 주장은 **헨 세션**hen session이 단지 여성들 사이의 격의 없는 대화라는 아주 유사한 주장과 마찬가지로 표적을 빗나갔다. 헨 세션의 참가자들이 반드시 여성이어야 한다는 것은 참일 것이다. 그럼에도 불구하고 헨 세션이라는 용어는 헨 세션들이 특유하게 전념하는 특별한 종류의 격의 없는 대화와 관련하여 이보다 구체적인 무언가를 전달하고 있다. 불 세션을 구성하는 남성들 사이의 다소 격의 없는 토론에서 독특한 것은, 내게는 다음과 같이 생각된다: 그 토론이 격렬하고 중요한 의미가 있을 수도 있지만, 어떤 면에서 그것은 '진심으로' 하는 토론이 아니라는 점이다.

불 세션의 특징적인 주제는 종교, 정치 또는

섹스처럼 매우 사적이며 감정과 결부된 생활의 측면들과 관련되어 있다. 사람들은 만일 자신들이 너무 진지하게 받아들여질 수 있다고 생각될 때는 일반적으로 이런 주제에 대해 공개적으로 함께 말하기를 꺼린다. 불 세션에서 계속 나타나는 경향은 참가자들이 자기들 말에 전적인 진심이 담겨 있지 않다는 것을 전제로, 다양한 생각과 태도를 시도해 본다는 점이다. 그렇게 해서 참가자들은 자신이 그런 말을 하는 것을 듣는 게 어떤 기분인지 알 수 있고, 또 다른 이들이 어떻게 반응하는지를 볼 수 있다. 불 세션에 참가하는 모든 이는 사람들이 하는 말이 반드시 정말로 믿거나 느낀 바를 드러내는 것이 아니라는 점을 이해하고 있다. 토의하는 주제에 대해 상당히 솔직하게, 실험적이고 모험적으로 접근할 수 있도록 만드는 것이 핵심이다. 따라서 사람들이 자기가 한 말에 구속될 거라는 염려 없이 마음속에 있는 말을 꺼낼 수 있도록 독려하기 위해 일정 수준의 무책임을 누릴 수 있는 규약이 만들어진다.

다른 말로 하면 불 세션에서 각 토론자는 자신이 표현하거나 말하는 것이 전적으로 진심이라거나 명백히 사실이라고 믿는 것으로 이해되지 않는다는 일반적 양해에 의존하고 있다. 불 세션에서 대화의 목적은 신념을 가지고 소통하는 것이 아니다. 따라서 사람들이 하는 말은 그들이 가진 믿음과 연결되어 있다는 통상적인 가정들은 유예된다. 불 세션에서 행해지는 발언들은 이러한 연결이 유지되고 있는 체하는 가식이 없다는 점에서 개소리와는 다르다. 불 세션의 발언들은 진리를 고려해야 한다는 제약이 없다는 사실 때문에 어느 정도 개소리와 비슷하다. 개소리와 불 세션 사이의 이 유사성은 **shooting the bull**['헛소리를 지껄이다'라는 뜻 – 옮긴이]이라는 용어를 봐도 알 수 있다. 이 말은 불 세션을 특징짓는 종류의 대화를 지칭하며, 이 말 속에서 '쏜다shooting'는 용어는 '싼다shitting'는 용어를 순화한 말일 가능성이 매우 높다. 실제로 불 세션이라는 용어는 아마도 **개소리 시간**bullshit session을 건전한 말투로 바꾼 것일 가능성이 매우 크다.

비슷한 주제를 영국 말에서 'bull'의 용법에서도 찾아볼 수 있다. 《옥스퍼드 영어사전》에 따르면, 영국에서 이 말은 "불필요한, 틀에 박힌 일상 업무 또는 의식절차, 과도한 규율 또는 '때 빼고 광내기', 불필요한 요식"을 가리킨다. 사전은 다음과 같은 용례를 제공한다.

> 비행중대飛行中隊는 … 기지 곳곳에서 법석을 부리는 그 모든 '때 빼고 광내기bull'에 대해 매우 까탈스럽다고 느꼈다(I. Gleed, *Arise to Conquer* vi. 51, 1942); 그들이 우리를 향

> 해 경비 태세를 갖추고, 우리는 '우로 봐'를 한 채로 분열식을 하는 등 그 모든 종류의 과도한 규율들(A. Baron, *Human Kind* xxiv. 178, 1953); 국회의원 생활의 힘들고 단조로운 일과 '불필요한 요식 행위들bull'(*Economist* 8 Feb. 470/471, 1958).

여기서 '불bull'이라는 용어는 분명히 무의미한 업무들과 관련되어 있다. 그 업무들은 그것들을 필요로 하는 사업의 주요한 의도나 합리적인 목적과는 별 관계가 없기 때문이다. 때 빼고 광내기와 불필요한 요식은 군사요원 또는 정부 관료의 '진짜' 목적에는 기여하지 못하는 것으로 간주된다. 비록 그 업무들이 그러한 목적을 성실히 추구한다고 주장하는 정부기관이나 요인들이 부과한 것이라 하더라도 말이다. 따라서 '불bull'을 구성하는 '불필요한, 틀에 박힌 일상 입무 또는 의식절차'는 그것들이 강요하는 행위의 진정한 동기들로부터 유리된 것이다. 마치 불세션에서 사람들이 말하는 내용들이 그들의 뿌리 깊은 신념과는 유리된 것처럼. 그리고 개소리가 진리에 대한 관심에서 유리된 것처럼.

'불'이라는 용어는 또한 좀 더 폭넓은 일상적 용법에서는 개소리의 덜 상스러운 동의어로 쓰인다. 《옥스퍼드 영어사전》은 그렇게 사용된 '불' 항목에서 다음을 정의로 제시한다. '사소한, 진실하지 않은, 거짓된 말이나 글; 난센스.' 그런데 불이 의미가 결여되어야 한다든가 아니면 반드시 중요하지 않다든가 하는 것은 불의 고유한 특징처럼 보이지 않는다. 따라서 '난센스'와 '사소한'은, 심지어 그 애매함과 별개로, 잘못된 방향에 있는 것처럼 보인다. '진실하지 않은, 또는 거짓된'의 초점이 낫지만, 그것은 보다 정교해질 필요가 있다.[5]

해당 항목에는 또한 다음의 두 정의가 제시된다.

> 1914년 방언 노트 IV. 162 불bull, 목적에 부합하지 못하는 말; '더운 공기hot air'.

> 1932년 타임스 리터러리 서플먼트 12월 8일자. 933/3 '불'은 엄포, 허세, '더운 공기', 그리고 우리가 군대에서 종종 '부대원 농락하기kidding the troops'라고 부르는 것을 조합한 속된 말이다.

'목적에 부합하지 못한다'는 것은 적절하다. 하

5 진실하지 않음을 그 본질적 조건으로 포함하는 것은 '불bull'이 무심코 부주의하게 만들질 수 없음을 암시한다. 왜냐하면 무심코 진실하지 않기란 거의 가능할 것 같지 않기 때문이다.

지만 그것은 너무 광범위하고 애매하다. 그것은 주제를 벗어나는 것digressions과 악의 없는 엉뚱한 말을 포괄하는데, 이것들이 반드시 '불'의 사례인 건 아니다. 게다가 '불'이 목적에 부합하지 못한다고 말하는 것은 어떤 목적을 의미하는지를 불확실하게 남겨 둔다. 두 정의에서 '더운 공기'에 대한 언급이 더 도움이 된다.

어떤 말을 더운 공기라고 묘사할 때, 우리는 발화자의 입에서 나오는 것이 단지 그게 전부라는 걸 뜻한다. 그가 하는 말은 그저 입김일 뿐이다. 그의 말은 실체도 내용도 없고 그저 공허하다. 따라서 그가 쓰는 언어는 그것이 기여한다고 주장하는 목적에 부합하지 못한다. 발화자가 그저 숨을 내쉬는 것이라면, 어떠한 정보도 소통되지 않는다. 우연히도 **더운 공기**와 **대변** 사이에는 유사성이 있다. 그것은 더운 공기를 특히 **소똥**bullshit에 어울리는 동의어처럼 보이게 만든다. 더운 공기가 모든 정보성 알맹이가 빠진 말인 것처럼, 대변은 영양가 있는 모든 게 제거된 물질이다. 대변은 영양분의 시체, 즉 음식에서 필수 요소가 다 빠져나가고 남은 것으로 간주될 수 있다. 이런 관점에서, 대변은 우리 자신이 만들어내는 죽음의 재현이다. 우리는 삶을 유지하기 위해 어쩔 수 없이 대변을 만들어낼 수밖에 없다. 아마도 우리가 대변을 그토록 혐오스러워하는 건 죽음을 너무도 친숙하게 만들기 때문일지도 모른다. 어쨌든 대변은 자양분이라는 목적에 기여할 수 없다. 마치 더운 공기가 의사소통이라는 목적에 기여할 수 없는 것처럼.

이제 《옥스퍼드 영어사전》이 '불쉿bullshit'의 동사형 항목에서 인용하고 있는 에즈라 파운드Ezra Pound의 〈칸토스 74편Canto LXXIV〉의 구절을 검토해 보자.

이봐 스내그, 성경에는 무엇이 있는가?
성경의 각 권들은 무엇인가?
그 이름들을 대보라, **나에게** 개소리를 하지 말고.[6]

이것은 사실에 대한 요구다. 호명된 사람은 분명히 어떤 식으로 성경을 안다고 주장한 것으

6 이 시행들이 나오는 문맥의 일부는 다음과 같다. "알비종파 사람들, 역사의 문제아,/그리고 조선소가 국고 대출로 만든 살라미스 함대/침묵을 지킬 때와 목소리를 높일 때./결코 국내에서 생활 수준을 높이려 하지 않고/항상 고리대금업자의 이윤을 늘리려고 외국으로 다닌다고,/레닌은 말했지,/그리고 총기 판매는 더 많은 총기 판매로 이어지고/그들은 총포 시장을 혼란스럽게 하지 않으니/시장은 포화되지 않는다/피사, 23년 동안의 분투 끝에 그 탑을 바라보며/틸은 어제 목이 매달렸다/살인과 강간죄로, 장식을 달고 칼키스를 더하고/신화를 덧붙여, 그는 자신을 숫양의 신 제우스쯤으로 생각했다/이봐 스내그, 성경에는 무엇이 있는가?/성경의 각 권들은 무엇인가?/그 이름들을 대보라, **나에게** 개소리를 하지 말고."

로, 또는 성경에 관심을 가진 것으로 여겨진다. 화자는 이것이 그저 공허한 말이 아닌지 의심한다. 그리고 그 주장을 사실로 뒷받침하라고 요구한다. 그는 단순한 보고를 수용하지 않을 것이다. 그는 있는 그대로를 보여 달라고 고집한다. 다른 말로 하자면, 상대의 패가 진짜인지 확인해 보겠다고 맞받아치고 있다. 개소리와 허세 bluff 사이의 관계는 파운드의 시행이 예문으로 나오는 정의 속에서 명시적으로 확인된다.

> 자동사 및 타동사, (-에게) 헛소리 nonsense 를 말하기; 또한 헛소리를 말함으로써 (어떤 것을) 허세를 부려 돌파하기.

개소리를 하는 것은 일종의 허세를 포함하는 것으로 보인다. 개소리는 거짓말을 한다기보다는 분명히 허세 부리기에 가깝다. 그러나 개소리가 거짓말보다 허세 부리기에 가깝다는 사실이 개소리의 본성에 대해 함축하는 바는 무엇인가? 여기서 허세와 거짓말을 구분하는 중요한 차이는 정확히 무엇일까?

거짓말하기와 허세 부리기는 둘 다 부정확한 전달 또는 기만의 양상이다. 그런데 거짓말의 독특한 본성에서 가장 중심적인 개념은 허위성 falsity이라는 개념이다. 본질적으로 거짓말쟁이는 참이 아닌 것을 계획적으로 퍼뜨리는 사람이다. 허세 부리기도 전형적으로 뭔가 허위인 것을 전달하려고 애를 쓴다. 그러나 빤한 거짓말과는 달리, 허세 부리기는 좀 더 특수하게는 거짓이 아니라 꾸며냄fakery의 문제다. 이것은 허세 부리기가 개소리에 가깝다는 것을 설명해 준다. 왜냐하면 개소리의 본질은 그것이 **거짓**이라는 데 있는 게 아니라, 그것이 **가짜** phony라는 데 있다. 이 차이를 알아보기 위해서는 우리는 가짜

또는 모조가 어떤 측면에서는 (진짜라는 점을 제외하면) 실제의 사물에 비해 열등할 필요가 없다는 것을 인식해야 한다. 또한 진짜가 아니라고 해서 다른 면에서 꼭 단점이 있을 필요는 없다. 결국 그것은 틀림없이 정확한 복제품일 수도 있으니까. 위조품에서 잘못된 점은 그것이 어떻게 생겼는지가 아니라 그것이 어떻게 만들어졌느냐이다. 이것은 개소리의 본질적 속성에서 유사하게 나타나는 근본적인 양상을 시사한다. 비록 개소리는 진리에 대한 관심 없이 만들어지지만, 그것이 꼭 거짓일 필요는 없다. 개소리를 하는 사람은 진상을 꾸며낸다. 하지만 이것은 그가 반드시 그것들을 왜곡한다는 것을 뜻하지는 않는다.

에릭 앰블러의 소설《더러운 이야기》에서 아서 압델 심슨이라는 이름의 인물은 어린 시절 아버지에게 받은 충고를 회상한다.

> 아버지가 돌아가셨을 때 비록 나는 일곱 살짜리 꼬마였지만, 아직도 나는 아버지를 매우 잘 기억하며 아버지가 하셨던 말들도 더러 기억난다. … 아버지가 내게 처음으로 가르쳐 주신 것은 이거였다. "개소리를 해서 상황을 헤쳐 나갈 수 있다면 절대 거짓말은 하지 마라."[7]

이것은 거짓말하기와 개소리하기 사이에 중요한 차이가 있을 뿐 아니라, 후자가 전자보다 낫다고 여기는 것이다. 여기서 아버지 심슨은 분명히 개소리하기가 거짓말하기보다 도덕적으로 우위에 있다고 간주한 것은 아니다. 그가 거짓

---

7 Eric Ambler, *Dirty Story* (1967), I. iii. 25. 인용문은 《옥스퍼드 영어사전》의 파운드의 구절이 인용된 수록어와 같은 곳에서 제공된다. 개소리하기와 허세 부리기 사이의 밀접한 관계는 '개소리를 해서 상황을 헤쳐 나가라'와 '허세를 부려서 상황을 헤쳐 나가라'라는 격언의 유사성 속에서 서로 공명하는 것으로 보인다.

말 또는 개소리를 해서 목적을 달성하는 데 있어 거짓말이 개소리보다 항상 덜 효과적이라고 간주한 것 같지도 않다. 어쨌든 머리 써서 공들여 만든 거짓말 역시 완벽한 성공을 이뤄낼 수도 있을 테니까. 아마도 심슨은 거짓말보다는 개소리로 상황을 헤쳐 나가는 것이 더 쉽다고 생각했을 수 있다. 혹은 아마도 비록 각각의 경우 들통 날 위험이 대략 비슷하다 할지라도, 들통 났을 때의 결과 면에서 거짓말쟁이보다는 개소리쟁이가 통상적으로 덜 치명적이라는 점을 뜻했을지도 모른다. 사실 사람들은 거짓말보다는 개소리에 대해 좀 더 관용적인 경향이 있다. 왜냐하면 우리는 개소리를 개인적인 모욕으로 받아들이는 경향이 덜하기 때문이다. 우리는 개소리와 거리를 두려고 할 수도 있다. 하지만 거짓말은 종종 모욕감이나 분노를 불러일으키는 반면, 개소리에 대해서는 불쾌하거나 거슬린다는 표시로 어깨를 으쓱하면서 외면하는 경우가 많다. 개소리에 대한 우리의 태도가 왜 일반적으로 거짓말을 대할 때보다 온건한지를 이해하는 문제는 중요한데, 나는 이 문제를 독자들을 위한 연습문제로 남겨 두려 한다.

그러나 거짓말을 하는 것과 어떤 개별적인 개소리 사례를 만들어내는 것을 비교하는 것은 적절하지 않다. 아버지 심슨은 거짓말을 하는 것의 대안을 '개소리를 해서 상황을 헤쳐 나가는 것'으로 본다. 이것은 그저 개소리의 사례 하나를 만들어내는 것만을 뜻하지 않는다. 그것은 상황이 요구하는 만큼 얼마든지 개소리를 만들어내는 **프로그램**을 뜻한다. 어쩌면 이것이 그가 개소리를 선호하는 까닭을 이해하는 열쇠일 것이다. 거짓말을 하는 것은 날카로운 초점을 가진 행위다. 그것은 특별한 거짓을 믿음의 집합 혹은 믿음의 체계 속의 특정한 지점에 삽입하여 진리가 그 지점을 차지하는 결과를 피하기 위해 설계된다. 거짓말하는 사람은, 그가 진리라고 여기는 것이 부과하는 객관적 제약에 따라야만 하며, 이것은 일정 수준의 숙련도를 필요로 한다. 거짓말쟁이는 불가피하게 진릿값에 관심을 가져야 한다. 거짓말이란 것을 지어내기 위해서 거짓말쟁이는 무엇이 진실인지 자신이 알고 있다고 생각해야만 한다. 그리고 효과적인 거짓말을 지어내려면 거짓말쟁이는 자신의 허위를 그 진리의 위장 가면 아래에 설계해야 한다.

다른 한편, 개소리를 해서 상황을 헤쳐 나가려고 기도하는 사람은 좀 더 많은 자유가 보장되어 있다. 그의 초점은 특수하기보다는 광범위하다. 그는 특정한 허위를 특수한 지점에 삽입하는 데에만 자신을 한정하지 않는다. 따라서 그는 그 지점을 둘러싸고 있거나 가로지르는 진리에 제약받지 않는다. 그는 필요하다면 맥락까지도 위조할 준비가 되어 있다. 거짓말쟁이라면 따라야만 하는 제약에서 벗어난 이 자유가 물론 반드시 개소리쟁이의 작업이 거짓말쟁이보다 쉽다는 것을 뜻하지는 않는다. 그러나 그것이 의존하고 있는 창조성의 양상은 거짓말에 동원되는 것보다는 덜 분석적이고 덜 정교하다. 개소리쟁이의 작업은 보다 광범위하고 독립적이며 임기응변과 꾸며냄, 그리고 창의적인 연기의 여지가 많다. 이것은 공들인 노력의 문제라기보다는 예술의 문제다. 따라서 '개소리 예술가bullshit artist[헛소리를 잘 믿게 만드는 재주가 있는 사람 – 옮긴이]'라는 친숙한 개념이 나온다. 나는 아서 심슨의 아버지가 거짓말보다 개소리를 추천한 것은, 상대적으로 엄격하고 철저한 거짓말의 요건보다는 개소리가 가진 창의성의 측면에 더 강하게 끌렸다는 사실을 반영한다고 추측한다. 개소리의 상대적 장점이나 효과와 무관하게 말이다.

개소리가 본질적으로 부정확하게 말하는 것은 그것이 가리키는 사태도 아니고, 그 사태에 대한 화자의 믿음도 아니다. 이 사태와 믿음들은 거짓말이, 허위라는 속성을 가짐으로 인해, 부정확하게 진술하는 대상들이다. 개소리는 꼭 허위일 필요가 없으므로, 그것은 부정확하게 진술하는 내용에 있어 거짓말과 다르다. 개소리쟁이는 사실에 대해서든, 혹은 그가 그 사실을 어떻게 받아들이는지에 대해서든, 우리를 기만하지 않을 수도 있고 심지어 기만할 의도조차 없을 수도 있다. 그가 반드시 우리를 기만하려고 시도하는 것은 그의 기획의도enterprise이다. 개소리쟁이에게 유일하게 없어서는 안 될 독특한 특징은, 그가 특정한 방식으로 자신의 속셈을 부정확하게 진술한다는 사실이다.

이것이 개소리쟁이와 거짓말쟁이 사이의 가

장 중요한 차이점이다. 개소리쟁이와 거짓말쟁이는 자기들이 마치 진리를 전달하려고 애쓰는 것처럼 거짓되게 연출한다. 이들 각각의 성공은 그것에 대해 우리를 기만할 수 있느냐에 달려 있다. 그러나 거짓말쟁이가 자신에 관해 감추고 있는 것은 그가 우리를 현실에 대한 올바른 이해에서 벗어나게 만들려고 꾀한다는 사실이다. 여기서 우리는 거짓말쟁이가 스스로 허위라고 간주하는 어떤 사실을 우리가 믿기를 바라고 있다는 것을 눈치채서는 안 되는 상황이다.

반면에 개소리쟁이가 자신에 관해 숨기는 것은, 자기 말이 맞든 틀리든 그 진릿값은 그에게는 중심 관심사가 아니라는 사실이다. 여기서 우리는 그의 의도가 진리를 전달하려는 것도 아니고 그것을 은폐하려는 것도 아니라는 점을 알아서는 안 되는 상황이다. 이것은 그의 발언이 난삽하고 충동적이라는 뜻이 아니다. 그의 발언을 이끌고 지배하는 동기는 그가 말하고 있는 사태의 진상이 실제로 어떠한지와는 무관하다는 것이다.

누군가 자신이 진실을 안다고 생각하지 않는다면 그가 거짓말을 하는 것은 불가능하다. 개소리를 지어내는 데는 그러한 신념이 필요 없다. 따라서 거짓말을 하는 사람은 진리에 대해 반응한다. 그리고 그는 그만큼 진리를 존중하는 셈이다. 정직한 사람이 말할 때, 그는 오직 자신이 참이라고 믿는 바를 말한다. 거짓말쟁이는, 이에 상응하게 자신의 발언이 거짓이라고 여기는 것이 필수불가결하다.

그렇지만 개소리쟁이에게는 이 모든 것이 무효다. 그는 진리의 편도 아니고 거짓의 편도 아니다. 정직한 사람의 눈과 거짓말쟁이의 눈은 사실을 향해 있지만, 개소리쟁이는 사실에 전혀 눈길을 주지 않는다. 자신이 하는 개소리를 들키지 않고 잘 헤쳐 나가는 데 있어 사실들이 그의 이익과 관계되지 않는 한, 그는 자신이 말하는 내용들이 현실을 올바르게 묘사하든 그렇지 않든 신경 쓰지 않는다. 그저 자기 목적에 맞도록 그 소재들을 선택하거나 가공해 낼 뿐이다.

〈거짓말〉이라는 에세이에서 성 아우구스티누스는 사람들이 하는 거짓말의 특징적인 내용이나 거짓말을 하는 이유에 따라서 거짓말을 여덟 가지 형태로 구분한다. 이 유형 가운데 일곱 가지 거짓말은 오직 어떤 다른 목적을 위한 필수불가결한 수단으로 간주되기 때문에 행해진다. 즉 이 거짓말들은 순전히 잘못된 믿음을 창조하겠다는 목적에서 행해지는 게 아니다. 달리 말하자면, 말하는 사람들을 거짓말로 이끄는 것은 그것의 허위성 그 자체가 아니다. 그 거짓말들은 기만 자체가 아니라 단지 어떤 목적을 위해 필수불가결하다고 여겨지기 때문에 행해지므로, 성 아우구스티누스는 그것들을 본의 아니게 마지못해 행해지는 것으로 간주한다. 즉 그 사람이 정말로 원하는 것은 거짓말을 하는 것이 아니라 어떤 목적을 이루는 것이다. 따라서 아우구스티누스의 관점에 따르면 그것들은 진정한 거짓말이 아니다. 그리고 그런 거짓말을 하는 사람들은 엄격한 의미에서 볼 때 거짓말쟁이가 아니다. 그가 "오직 거짓말과 기만을 행하는 것이 즐겁기 때문에 하는 거짓말, 즉 진짜 거짓말"[8]로 간주하는 것을 포함하는 것은 마지막 남은 범주다. 이 범주의 거짓말들은 허위를 퍼트리겠다는 것 이외의 다른 어떤 목적을 위한 수

8 "Lying," in *Treatises on Various Subjects, in Fathers of the Church*, ed. R. J. Deferrari, vol. 16 (New York: Fathers of the Church, 1952), 109쪽. 성 아우구스티누스는 이런 유형의 거짓말을 하는 것은 세 범주의 거짓말을 하는 것보다 덜 심각한 죄며, 다른 네 범주의 거짓말을 하는 것보다는 더 심각한 죄라고 주장한다.

단으로 행해지지 않는다. 그 거짓말들은 단지 그 자체를 위해, 즉 순전히 기만에 대한 사랑 때문에 행해진다.

> 거짓말을 하는 사람과 거짓말쟁이 사이에는 차이가 있다. 전자는 마지못해서 거짓말을 하는 사람이다. 반면 후자는 거짓말하기를 좋아하며 거짓말하는 즐거움으로 시간을 보내는 사람이다. … 후자는 거짓말에서 기쁨을 느끼며, 허위 그 자체를 즐긴다.[9]

아우구스티누스가 '거짓말쟁이'와 '진짜 거짓말'이라고 부른 것은 둘 다 드물고 예외적이다. 모든 사람들이 때때로 거짓말을 하지만, 오로지 허위나 기만을 사랑해서 거짓말을 하는 경우가

9 같은 책, 79쪽.

종종 (또는 한 번이라도) 있는 사람은 극소수다.

대부분의 사람들에게 어떤 진술이 거짓이라는 사실은, 그것이 아무리 약하고 쉽게 번복할 수 있다 해도, 그것만으로도 그런 진술을 하지 않을 이유가 된다. 반대로 성 아우구스티누스가 말한 순수한 거짓말쟁이에게는 그런 사실이 그 진술을 하고 싶어 할 이유가 된다. 개소리쟁이에게 그것은 그 자체로 그 말을 해야 할 이유도, 하지 말아야 할 이유도 아니다. 거짓을 말하거나 참을 말할 때 모두, 사람들은 사태의 진상이 무엇인지에 관한 자신의 믿음에 좌우된다. 이 믿음들은 세계를 올바로 묘사하거나 기만적으로 기술하려 할 때 그들을 인도한다. 이런 까닭에 거짓말을 하는 것은 개소리하기와는 달리 자신을 진리를 말하는 데 부적합한 사람으로 만드는 경향은 없다. 말하는 사람의 입맛에 맞는 것 외에는 어떤 것에도 신경을 쓰지 않고 마구 주장하는 개소리 행위에 과도하게 탐닉하다 보면, 사태의 진상에 주의를 기울이는 정상적 습관은 약화되거나 잃어버리게 된다. 거짓말을 하는 사람과 진실을 말하는 사람은 말하자면 같은 게임 속에서 반대편으로 활동한다. 그들 각각은 자신들이 이해하는 사실에 반응한다. 비록 한쪽의 반응은 진리의 권위에 따르고, 다른 쪽의 반응은 진리의 권위에 저항하며 그 요구에 맞추기를 거부하지만 말이다. 개소리쟁이는 이러한 요구를 모두 무시한다. 그는 거짓말쟁이와는 달리 진리의 권위를 부정하지도, 그것에 맞서지도 않는다. 개소리쟁이는 진리의 권위에 조금도 신경 쓰지 않는다. 이 점 때문에, 개소리는 거짓말보다 훨씬 더 큰 진리의 적이다.

사실을 전달하거나 은폐하려는 사람은 실제로 어떤 식으로든 확정적이고 인식할 수 있는 사실이 있다고 가정한다. 진실을 말하거나 거짓말을 하는 데 그가 관심을 가진다는 것은 사물을 잘못 이해하는 것과 올바로 이해하는 것 사이에 차이가 있다고 전제하는 것이며, 적어도 때로는 그 차이를 구별하는 것이 가능하다고 전제하는 것이다. 어떤 진술이 참이고 어떤 진술이 거짓인지를 규명할 가능성이 있다는 것을 더 이상 믿지 않는 사람에게는 오직 두 가지 대안만이 있을 수 있다. 첫째는 진실을 말하려는 노력과 기만하려는 노력 모두를 그만두는 것이다. 이것은 사실에 대한 어떠한 주장도 내세우기를 삼간다는 뜻이다. 두 번째 대안은 상황이 어떠한지를 기술한다고 하지만 개소리 외에는 아무것도 될 수 없는 주장을 계속하는 것이다.

왜 그렇게 개소리가 많을까? 물론 오늘날 개소리가 예전보다 상대적으로 많다는 것을 검증하는 것은 불가능하다. 우리 시대에는 예전보다 많은 온갖 종류의 커뮤니케이션이 있다. 그러나 개소리의 비율은 증가하지 않았을지도 모른다. 개소리의 사례가 실제로 오늘날 더 많은지를 가정하지 않고, 나는 오늘날 개소리가 매우 많다는 사실을 설명하는 데 도움이 될 몇 가지 검토를 언급하려 한다.

개소리를 피할 수 없는 상황이 있다. 자신이 말하는 것이 무엇인지 알지 못하는데도 말하기를 요구받는 경우가 그렇다. 따라서 어떤 주제에 대해 말할 기회나 의무들이 화자가 가진 그 주제와 관련된 사실에 대한 지식을 넘어설 때마다 개소리의 생산은 활발해진다. 이 불일치는 특히 공인의 삶에서 일반적이다. 공인은—자신의 성향이 그러하든 아니면 주위 사람들이 요구하든 간에—종종 자신들이 어느 정도 무지한 사안들에 대해 말하도록 강요받는다. 모든 것에 대한 의견, 혹은 적어도 국가적인 사안과 관계된 모든 것에 대한 의견을 갖는 것이 민주

주의 사회에서 시민의 책임이라는 널리 퍼진 신념으로부터 이와 유사한 사례들이 발생한다. 양심적인 도덕적 행위자로서, 전 세계의 모든 분야에서 일어나는 사건과 상황을 평가하는 것이 자신의 책임이라고 믿는 이들이 있다. 이들에게는, 개인의 의견이 현실에 대한 이해와 의미 있게 연결되지 않는 현상이 말할 필요도 없이 훨씬 더 심각할 것이다.

오늘날 개소리의 확산은 또한 다양한 형태의 회의주의 속에 보다 깊은 원천을 두고 있다. 회의주의는 우리가 객관적 실재에 접근할 수 있는 어떤 신뢰할 만한 방법을 가질 수 있다는 것을 부정한다. 따라서 그것은 사태의 진상이 어떠한지를 인식할 가능성을 부인한다. 이러한 '반실재론적' 신조는 무엇이 참이고 무엇이 거짓인지를 결정하기 위해 사심 없이 노력하는 것이 가치 있는 일이라는 확신을 부너트리고, 심지어 객관적 탐구라는 개념이 이해 가능한 개념이라는 믿음을 약화시킨다. 이러한 믿음의 상실에 대한 하나의 반응은 **정확성**correctness이라는 이념에 대한 헌신이 요구하는 규율에서 전혀 다른 규율로 후퇴하는 것이었다. 그것은 **진정성**sincerity이라는 대안적 이념을 추구할 때 요구되는 규율이다. 개인들은 주로 공동 세계를 정확하게 묘사하는 데 성공하기를 추구하기보다는, 자기 자신을 정직하게 전달해 보겠다는 방향으로 전환하였다. 실재에는 사물에 대한 진리로 간주할 만한 본래적 속성이 없다는 확신 속에서, 개인들은 자신의 본성에 충실하려는 데 전념했다. 이것은 마치 사실에 충실하려는 것이 무의미하므로, 그 대신 개인들은 자신에 대해 충실하려 노력해야 한다고 결심하는 것처럼 보인다.

그러나 다른 어떤 것에 확정성을 부여하는 것은 오류로 드러났다고 가정하면서도, 우리 자신만은 확정적이며, 따라서 우리 자신에 대해서는 옳은 기술과 틀린 기술이 모두 가능하다고 상상하는 것은 말도 안 된다. 의식적 존재로서 우리는 오직 다른 것들에 반응하면서 존재한다. 그리고 우리가 그것들을 알지 못한다면 우리 자신을 결코 알 수 없다. 게다가 이론상뿐만 아니라 분명히 경험상으로도 우리가 자신에 대한 진리를 더 쉽게 알 수 있다는 특이한 판단을 지지하는 것은 아무것도 없다. 우리 자신에 대한 사실들은 특별히 단단한 것도, 회의주의적 해체에 저항하는 것도 아니다. 우리의 본성은 사실 붙잡기 어려울 정도로 실체가 없다. 다른 사물들에 비해 악명 높을 정도로 덜 안정적이고 덜 본래적이다. 그리고 사실이 이런 한, 진정성 그 자체가 개소리다.

후기

1. 코언의 논문[1]은, 내가 아는 한, 개소리에 관한 나의 작업을 비판하거나 확장하려는 첫 번째 중요한 시도다. 그래서 나는 그것을 특별한 감사와 관심을 가지고 환영한다. 먼저 말하자면, 내가 쓴 논문에서 다룬 개소리 이외에도 다른 중요한 개소리의 유형들이 있다는 그의 견해에 이의를 제기할 생각은 없다.[2] 내가 그 글에서 "개

1 "Deeper into Bullshit," G. A. Cohen. [코언의 논문은 프랭크퍼트 교수의 연구를 기리는 기념 논문집(The Contours of Agency: Essays on Themes from Harry Frankfurt, eds. S. Buss & L. Overton, A Bradford Book, 2002)에 실렸고, 본 20주년 기념판에 실린 〈후기〉는 코언의 논문에 대한 회답 논문("Reply to G. A. Cohen")으로 함께 수록되었던 글이다. - 옮긴이]

소리의 본질"에 대해 언급했다는 것은 사실이다. 어쩌면 그 언급은, 모든 진정한 개소리의 사례는 내가 논의한 유형에 속해야 한다는 취지로 보일 수 있었다는 점에서 오해의 여지가 있었다. 내가 코언의 주장, 즉 내가 집중했던 개소리의 유형이 "무성한 개소리 정원에 핀 꽃 중 하나일 뿐"이라는 주장을 선뜻 지지하지 못하는 것은, 그의 주장이 틀렸다고 의심해서가 아니다. 단지 개소리는 동물이 배출하는 산물이지 식물은 아니라는 사실을 자꾸 떠올리게 되기 때문이다. 어쨌든 코언이, 내가 개념을 분석하는 과정에서 피할 수 없다고 인정했던 프로크루스테스

2 또한 나는 그가 담화와 사고에서 나타나는 유사한 변종들, 예컨대 'horseshit'에 대해 도발적으로 언급한 것을 환영한다. 그 역시 진지한 탐구와 논의의 대상이 될 만하다. [코언에 따르면 미국 영어에서 horseshit은 프랭크퍼트가 말하는 bullshit보다는 투박하고 덜 교활한 방식으로 생산되는 헛소리다. - 옮긴이]

식 조작에 의해 제외된 또 다른 유형의 개소리를 발견했다고 믿는다는 사실은 놀랍지도, 당혹스럽지도 않다.

2. 코언이 올바르게 지적했듯이, 개소리에 대한 내 설명은 결과물 중심이 아니라 활동 중심이다. 나의 설명에서 어떤 발화가 개소리인지 아닌지를 결정하는 데 중요한 요소는 그 말을 한 사람의 심리 상태다. 내가 고려한 개소리의 유형을 정의하는 특징은 진리에 대한 관심 결여, 즉 사태의 진상에 대한 무관심이다. 이것은 어떤 말이 개소리가 되려면 반드시, 적어도 그 순간만큼은, 진리에 대한 관심이 결여된 사람이 발화해야 한다는 뜻은 아니다. 성실하고 정직한 사람이 다른 사람이 만들어낸 개소리를 믿고, 사태가 실제로 어떠한지에 무관심한 태도를 보이지 않은 채 개소리를 되풀이할 수도 있다. 그

러나 이 사람이 되풀이하는 말은, 애초에 자신의 말이 참인지 거짓인지 관심이 없는 사람에게서 비롯된 것인 한, 그것을 되풀이하는 순간 개소리가 된다. 어떤 사람이 거짓말을 믿고 그것을 되풀이한다면 그는 거짓말을 하는 것은 아니지만, 그가 되풀이하는 내용 자체는 여전히 거짓이다. 개소리 역시 이와 같다. 개소리는 개소리쟁이가 아닌 사람에 의해서도 그대로 반복될 수 있다.

개소리와 거짓말 사이의 관계는 코언이 주장하는 것만큼 내 입장에서는 그리 문제가 되지 않는다. 광고주들이 스스로 속이려는 의도를 갖고 거짓을 퍼뜨리고 있다는 사실을 알고 있다면, 확실히 그들을 거짓말쟁이라고 부를 수 있다. 그러나 내가 염두에 두었던 유형의 사례에서 그들의 가장 근본적인 태도는 개소리쟁이로서의 그것이다. 말하자면 그들은 단지 부수적

혹은 우연적으로 거짓말쟁이가 될 뿐이다. 나의 전제는 광고주들이 대체로 광고에서 무엇을 말할지를 정하면서 그것이 진실인지 아닌지 신경 쓰지 않는다는 점이다. 따라서 그들이 광고에서 하는 말은 개소리다. 물론 때때로 그들은 우연히, 혹은 나중에, 자사 제품에 불리한 진실을 알게 될 수도 있다. 그런 경우 그들이 전달하기로 선택한 내용은 스스로 거짓이라고 알고 있는 어떤 것이며, 결국 그들은 단순히 개소리를 넘어 거짓말까지 하게 되는 것이다.

코언은 내가 개소리와 거짓말을 구분하는 데 이른바 "근본적 어려움"이 있다고 주장한다. 내가 거짓말쟁이를 화자의 목표(즉 청자를 오도하려는 목표)로 식별하는 반면, 개소리쟁이에 대해서는 거짓말쟁이와 구별되는 뚜렷한 목표를 부여하지 않는다는 것이다. 그러나 개소리쟁이는 바로 거짓말쟁이를 규정하는 그런 목표가 없다는 점에서 거짓말쟁이와 구별된다. 판매를 촉진하려고 개소리를 늘어놓는 광고주는 아마도 자신이 말하는 내용이 참이라도 딱히 괘념치 않을 것이다. 사실 그는 그것이 사실인지 아닌지에 대해 아예 관심이 없다. 예를 들어 담배회사는 광고에서 말보로를 피우면 남자가 카우보이처럼 남성적이 된다는 메시지를 전달한다. 나는 회사가 이를 거짓이라고 믿고 있으며 사람들을 오도하려 한다는 사실을 알고 있다고 가정하는 것이 타당하다고 생각한다. 그러나 그들의 주된 동기는 속이려는 의도에 있지 않다. 그 광고는 특별히 어떤 진실을 숨기려고 설계된 것이 아니다. 회사는 속일 의향이 있지만, 속인다는 사실 자체는 일종의 부가적 행위다. 그 광고 캠페인은 말보로와 남성성의 실제 관계에 대한 진지한 관심 없이 설계되고 기획된다.[3]

3. 코언은 내가 다룬 개소리와 "동등하게 흥미롭고, 학문적으로는 더 중요한" 종류의 개소리가 있다고 주장한다. 이 유형은 "본질적으로 명료화할 수 없는unclarifiable" 담화로 구성된다. 하지만 그는 "명료화할 수 없다"는 것이 무슨 뜻인지를 별로 설명하지 않는다. 사실 그는 "이 논문에서 '명료하다'는 것의 의미를 정의하려고 시도하지 않겠다"고 선언하며, 이어서 "이해하기 쉽게 그것을 정의하는 건 불가능하다고 생각하는 편"이라고 고백한다. 이는 '명료하다'는 개념 자체가 명료화할 수 없다는 점을 거의 인정하는 것과 같으며, 결국 코언 자신의 개소리론이 자폭으로 날아가는 결과를 낳는다. 하지만 어쩌

---

3 내가 독립기념일 연설자를 이해하는 방식도 비슷하다. 그는 미국사에 관한 자신의 말을 거짓이라고 알 수도 있고, 청중을 속이려는 의도를 가질 수도 있다. 하지만 이 때문에 그가 거짓말쟁이가 될 수는 있어도, 이것이 그가 개소리쟁이가 아님을 의미하지는 않는다.

면 이렇게 해석하는 것은 다소 심한 것일지 모른다.

그렇다 하더라도, 어떤 담화가 의미 있다고 간주되는지에 대해 보편적으로 수용되거나 권위를 지닌 기준은 존재하지 않는다는 점은 분명 인정해야 할 것이다. 명료성의 기준은 대체로 인상주의적이며, 대부분의 담화는 어떤 기준, 어떤 관점에서는, 그리고 어느 정도는 불명료하다. 그런데도 코언은 텍스트가 비판을 피하려면 얼마나 명료해야 하는지 설명하지 않는다. 어쩌면 이보다 더 심각한 것은, 어떤 텍스트를 '명료화할 수 없다'고 말하는 것이 무슨 뜻인지가 꽤 문제가 되며, 그런 텍스트가 실제로 명료화 불가능하다는 사실을 어떻게 입증할 수 있는지 역시 비슷하게 문제적이라는 점이다. 따라서 코언이 정확히 어떤 종류의 담화를 개소리로 특정하려 하는지 알기란 그리 쉽지 않다.

코언이 제시한 명료화 불가능한 담화의 유일한 실제 사례는 에티엔 발리바르Etienne Balibar의 저작에 나오는 다음 문장이다. "우리가 변증법이라는 개념에 부여할 수 있는 첫 번째 의미는 바로 이것이다: 계급투쟁이 역사의 바로 그 구조에 결정적으로 개입한다는 사실에 특별히 맞춰진 논리 또는 설명 형식." 그런데 나는 이 문장이 명료화 불가능한 담화의 예로는 별로 설득력이 없다고 본다. 우선 이 문장은 코언이 맥락에서 떼어놓았을 때보다 원래의 맥락 안에서 훨씬 더 쉽게 의미가 드러날 수 있겠다는 생각이 든다. 둘째로, 문맥을 전혀 모른 채 이 문장을 접하더라도, 이 문장이 의미하는 바를 상당히 그럴듯하게 짐작해 볼 수 있다고 생각한다. 내가 추측하기로 이 문장은 대략 다음과 같은 뜻일 듯하다. "변증법적 설명의 가장 독특한 점은, 계급투쟁이 역사의 경로를 어떻게 중요한 방식으로 결정해 왔는지를 밝히는 데 특히 유용하다고 여겨진다는 점이다." 물론 이것은 다소 모호하다. 하지만 일반적으로 이해 가능하고 어느 정도 명료하다고 여겨지는 대부분의 것들보다 더 모호하지는 않다. 그렇다면 나는 코언이 명료화할 수 없다고 여긴 텍스트를 명료화하는 데 성공한 것일까?

4. 어쨌든 나는, 내가 명료화할 수 없다고 여기는 모든 발화를 개소리로 치부하고 싶지는 않다. 의미 있는 말을 하려는 의도를 가졌고, 이를 위해 성실히 노력한 사람일지라도, 비난할 만한 지적 태만이나 혼란과는 무관한 심층적인 개념적 문제들 때문에 실패할 수 있다. 오히려 문제는 그들 때문이 아니라 모두가 전적으로 신뢰할 수 있다고 확신하는 현재의 표준적 사유 체계의 결함에 있을 수 있다. 이러한 결함은 최고의

사상가조차도 알아채지 못하고 간과하고 있을 수 있다. 따라서 언젠가는, 여러 세대에 걸쳐 모든 책임 있는 권위자들이 받아들여 온 진술들이 실제로는 그 이해 가능성을 훼손하는 모호함이나 논리적 결함을 내포하고 있어서, 고쳐질 수도 없고, 따라서 명료화할 수 없는 것으로 드러날 수도 있다. 그런 진술들까지 처음부터 줄곧 개소리였다고 우기는 것은 적절치 않아 보인다. 어떤 것을 개소리라고 규정하는 것은 당연히 심한 경멸적 평가로 해석되는데, 내가 상정한 이런 경우에는 그러한 비난은 정당화되지 않는다.

5. 코언이 관심을 갖는 개소리 유형은, 그가 말하듯, 학계에서는 내가 다룬 유형보다 더 중요한 것일 수도 있다. 그것이 사실이든 아니든, 명료화할 수 없는 담화라는 현상을 더 잘 이해하려는 시도는 분명 가치가 있다. 그러나 나는 그

현상이 내가 관심을 가진 개소리 유형만큼 우리 문화에 중대한 위협이 된다고 보지는 않는다. 우선, 학계에서 벌어지는 일이 다른 영역에 큰 영향을 주는 경우도 있지만, 그렇지 않은 경우가 훨씬 많다. 또 하나, 누구도 그 말을 이해할 수 없는 저자가 극심한 해악을 끼칠 것으로 보기는 어렵다. 실제로 아무 의미 없는 담화가 나타나는 경우, 그것은 불쾌하거나 심지어 분노를 일으킬 수 있다. 특히 어떤 이유에서인지 사람들이 그것을 진지하게 받아들이거나 숭배하는 듯한 태도를 보일 때는 더욱 그렇다. 그럼에도 불구하고, 진정으로 이해 불가능한 텍스트는 널리 읽힐 가능성이 별로 없으며, 오랫동안 많은 것이 그 텍스트를 바탕으로 삼을 가능성은 더더욱 낮다.

반면 진리에 대한 무관심은 극히 위험하다. 문명 생활의 영위와 그것을 가능하게 해주는 필수적인 제도들의 활력은 근본적으로 참과 거짓의 구분을 존중하는 태도에 의존한다. 그런데 이러한 구분의 권위는 개소리의 만연과 확산을 무해한 것으로 치부하는 무분별하고 가벼운 태도에 의해 잠식된다. 그 결과 인간에게 없어서는 안 될 소중한 자산이 낭비되고 만다. 이해 불가능한 말은 그 자체로 결함이 드러나지만, 허위는 그렇지 않다. 이런 점에서, 명료하지 않은 담화는 적어도 덜 음흉하다. 부주의하거나 허세를 부리거나 어리석은 학자들이 양산한 말도 안 되는 소리는 생산적인 탐구를 방해하고 지적 진보를 가로막는 짜증나는 장애물이 될 수 있다. 그것이 중요하지 않다는 것은 아니다. 하지만 내게는, 진리에 대한 무관심이 초래하는 해악이 훨씬 더 깊고 시급한 문제로 보인다.

옮긴이의 글

bullshit은 사전적으로는 헛소리, 허튼소리, 엉터리, 실없는 소리, 허튼 수작, 허풍, 과장, 바보 같은 소리, 터무니없는 소리 등으로 번역된다. 2015년도 서울대학교 논술 지문에서는 이 책의 일부를 발췌해 실으면서 '빈말'로 번역하였고, 철학 명저를 요약 소개한 책 《짧고 깊은 철학 50》(흐름출판, 2014)에서는 '헛소리'로 번역한 바 있다. 역자도 처음에는 개소리라는 비속어보다는 헛소리 정도로 옮기는 게 좀 더 철학책의 격에 맞지 않을까 생각했다. 그러나 헛소리라고 했을 때는 난센스와 차별화가 어렵다는 점이 발목을 잡았다. 또한 헛소리에는 무의미한 말이라는 뉘앙스가 있지만, 저자가 말하는

bullshit은 무의미한 말이 아니라는 문제가 있었다. bullshit에는 화자의 숨은 의도가 있다는 게 저자의 논지이기 때문에 이를 무의미한 말로 옮기는 것은 어딘지 만족스럽지 못했다. 결정적인 것은 이 책이 뉴욕타임스 베스트셀러로 실렸을 때 도서명이 'On Bull___'이라고 표기되었다는 사실이다. 여기서 힌트를 얻어 bullshit의 번역어는 지면에 싣기에 부적절한 단어라는 느낌이 들어야 한다고 생각했다. 그래서 좀 더 비속어 느낌이 들도록 '개소리'로 번역하게 되었다.

이 책은 이 시대에 만연한 언어의 타락 현상을 다룬다. 프린스턴 대학교 철학과 명예교수인 저자는 영미철학 특유의 분석적 기법으로 개소리라 불리는 친숙한 개념을 파고든다. 개소리를 협잡, 거짓말 등의 개념과 비교해 가면서 그 특유의 본성을 탐색하고, 개소리 현상의 본질이 무엇인지, 그것이

왜 중요한 사회 문제인지를 밝혀 낸다.

저자의 분석에서 가장 인상적인 부분은 개소리가 거짓말보다 위험하다는 주장이다. 거짓말을 하는 사람은 적어도 자기 말이 진리인 것처럼 포장하기 위해서라도 진리에 대한 최소한의 존중은 보여주는 데 반해, 개소리를 하는 사람은 자기 말이 진리든 거짓이든 전혀 상관하지 않는다는 것, 한마디로 진리에 대해 무관심하다는 것이다. 사랑의 반대가 미움이 아니라 무관심이라는 말과 유사하게, 진리의 가장 큰 적은 거짓말이 아니라 개소리가 된다.

더욱이 개소리는 거짓말보다 편리하다. 거짓말을 지어내는 데는 생각보다 엄격한 지적 엄밀성과 장인정신이 필요하다. 무엇이 진리인 줄 모르는 자는 거짓말을 할 수 없기 때문이며, 완벽하게 꾸며내지 못한 거짓말은 금세 들통나기 때문이다. 반면 개소리는 그 말의 뜻에서부터 '엉터리'라는 의미를 내포하고 있는 데서 알 수 있듯, 굳이 공들여 만들

필요가 없다. 단지 약간의 뻔뻔함만 있으면 된다.

또한 거짓말은 거짓임이 들통나면 커다란 비난이 쏟아지지만, 개소리에 대해서는 그저 어깨만 으쓱하고 지나칠 뿐이다. 거짓말이 실패하면 수치스럽지만, 개소리는 실패하더라도 관용된다. 개소리에 대해서 정색하고 달려들면 웃자고 하는 소리에 죽자고 달려든다고 역공을 받는다. 사람들은 개소리가 실패의 책임에서 상대적으로 자유롭다는 점을 깨닫고는 개소리의 무책임을 누리기 위해 말에서 진리치를 희석한다. 개소리로 돌파할 수 있는 곳에서는 굳이 거짓말을 할 필요가 없다.

결정적으로, 개소리는 거짓말보다 강력하다. 예를 들어 미국의 보수 정치가 트럼프는 진리에 대한 철저한 무관심 때문에 그처럼 강력하고 효과적일 수 있었다. 트럼프의 말이 사실인가? 그러면 좋다. 트럼프의 말이 거짓인가? 그래도 좋다. 어차피 개소리쟁이와 그 지지자들은 참과 거짓이라는 진릿

값이 전혀 문제가 되지 않는 논리적 공간에서 언어게임을 하고 있기 때문이다.

사람들은 이런 개소리에 대해 어떻게 대응해야 할지 아직까지 효과적인 방법을 찾지 못한 것처럼 보인다. 그 이유 가운데 하나는 개소리와 거짓말을 혼동하고 있기 때문인 듯하다. 그래서 거짓말쟁이에게 대응하듯 팩트를 가지고 그들의 말이 거짓임을 폭로하려고 하지만, 개소리쟁이들은 거짓말로 들통나도 거의 타격받지 않는다. 개소리는 거짓말과는 다른, 진위가 전혀 문제 되지 않는 언어게임이기 때문이다.

맥스 블랙은《협잡의 만연》에서 "협잡은 항상 타인에 의해 행해지는 것이라는 특이한 속성이 있다"라고 비꼰 바 있다. 이는 특히 정치 분야에서 우리 편의 개소리는 개소리로 들리지 않는다는 익숙한 사실을 통해 쉽게 검증된다. 정치 행태가 카를 슈미트가 말한 "적과 동지의 구별"에 기초한 내전 상태에 가까워진 오늘날, 정치적 언어게임에서 진리라는 규칙이 끼어들 여지는 크지 않아 보인다. 오히려 인간의 뇌에 절망적으로 뿌리박힌 인지편향에 편승한 권력형 개소리가 정치 공간의 유력한 화법으로 영역을 넓혀 가는 듯하다. 몇 년 전 논란이 되었던 윤석열의 비속어 발언 관련 해명은 권력형 개소리의 특징을 보여주는 전형적 사례이다.

일단, 그의 "날리면" 주장은 거짓말이 아니다. 아무도 그 말에 속지 않기 때문이고 누구를 속이려 하는 것도 아니기 때문이다. 속든 말든 관심이 없으며, 그저 우기려 하는 것에 가깝다. 그의 말이 사실이 아니라는 것은 지지자도 알고 반대자도 알며, 본인 스스로도 안다. 사실이 아님을 모두 안다는 사실까지 알면서 우기는 것이며, 자신의 권력이 어느 정도인지 시험하는 것이라는 점에서 역사상 가장 유명한 개소리인 환관 조고의 지록위마指鹿爲馬와 유사하다.

허수아비 황제 앞에서 사슴을 말이라고 우기는 실력자 조고의 개소리에 속은 사람은 없다. 개소리의 힘에 굴복했을 뿐이다. 윤석열의 "날리면"은 조고의 "지록위마"와 마찬가지로 진리에 대한 무관심의 수준을 넘어 진리에 대한 무시와 경멸을 보여주는 권력 행동이다. 자신이 진리 위에 있음을 만인에 선포하는 위력 행사다. 조고의 편에 선 신하들이 사슴을 말이라고 믿은 것이 아니듯이, 윤석열의 옹호자들이라고 "날리면"이라는 개소리를 사실로 믿는 것은 아니다. 반대 진영에 맞서 우리 편의 대오를 통일하여 비속어 발언으로 인한 정치적 난관을 돌파하기 위해 속아주는 척하는 것일 뿐이다.

왜 권력형 개소리가 특히 문제일까? 통상적인 개소리는 발언의 내용보다는 자신의 기획의도를 상대에게 속인다는 것이 프랭크퍼트의 통찰이다. 그런데 권력형 개소리는 자신의 기획의도를 굳이 숨기는 것 같지 않다. 자기 속셈을 누군가 알아채지 못하게 속이려 한다는 것은 타인이 자신의 속셈을 아는 것을 두려워한다는 것을 전제한다. 즉 타인의 존재가 자기에게 미치는 영향력을 염려하고 있다는 것이고, 이는 타인에 대한 일말의 존중이 (두려움에서 비롯된 것일지언정) 남아 있다는 뜻이다. 반면 권력형 개소리는 사태의 진실이 무엇인지에 대해 신경 쓰지 않는 것을 넘어, 타인이 자신의 속셈을 알든 말든 개의치 않는 행태를 보인다. 이는 자신이 진리보다, 타인보다 힘의 우위에 있다고 간주하는 데서 비롯된다. 따라서 권력형 개소리는 진리에 대한 무시와 타자에 대한 멸시라는 이중적 악을 수반한다는 점에서 일반적 개소리보다 더 심각한 사회적 해악이다.

권력형 개소리가 굳이 숨기지 않는 기획의도는, 적과 동지를 구분하여 우리 편을 규합하고 상대 편에 맞서려는 것이다. 이 권력형 개소리의 언어게임에서는 사슴을 사슴이라고 진실을 말하는 자는 적이 되고, 사슴이 말이라고 거짓을 말하는 자가 동지가 되는 독특한 규칙이 적용된다. 이에 따라 권력형 개소리에 대해 팩트 체크로 대응하는 것은 사실을 바로잡는 진리주장이 아니라, 권력에 반대하는 정치행동으로 간주된다. 조고가 사슴을 사슴이라고 사실대로 말한 신하들을 제거했듯이, 윤석열 정부가 바이든을 바이든이라고 말한 언론을 상대로 정치 보복을 자행한 것은 당연한 수순이다. 따라서 팩트 체크를 권력형 개소리에 대한 해결책으로 보는 것은 순진한 생각이며, 아직 이 언어게임의 규칙을 제대로 이해하지 못하고 있음을 보여준다.

《개소리에 대하여》는 아직 인터넷과 SNS가 나오기 전, 당파성을 내세운 케이블 뉴스 전문 채널이 나오기 전, 그러니까 개소리가 언론과 정치권의 보편적인 화법이 되기 전인 1986년에 쓴 논문에 바탕을 둔 책이다. 그래서 저자가 든 사례는, 자기 분야가 아닌 사안에 대해 부득이 발언해야 하는 공인이나 농담 한번 잘못했다가 비트겐슈타인에게 봉변을 당한 파스칼의 일화처럼, 상대적으로 무해해 보이는 개인적 수준의 사안들뿐이다. 따라서 《협잡의 만연》에서 맥스 블랙이 제시한 버나드 쇼식 개소리 대처법("정말로 그걸 믿는단 말인가요?"라고 다소 무례하지만 순진한 척 반문하기)도 당시로서는 진지한 제안으로 여겨질 수 있었을 것이다.

오늘날 우리가 보는 것은 산업화된 개소리다. 2016년 대선에서 트럼프의 막말을 시시콜콜 보도한 미국 언론이 역대 최고의 수익을 기록하고, 결국 트럼프가 당선되었다는 사실에서 보듯 지금은 개소리가 돈이 되고 표가 된다는 것이 검증된 시대이다. 한국 역시 인터넷 20년, 종편 10년 만에 언론이 개소리의 생산과 유통을 통해 먹고사는 업종으로 탈바꿈한 현실을 목도한 바 있다. 격투기 중계하듯 하루 종일 당파적 콘텐츠를 쏟아내는 종편과 포털, 유튜버들이 제조해 내는 잡담 수준의 가짜뉴

스들은 마약만큼이나 중독성 있는 상품이다. 하이데거가 말한 말초적 호기심과 무의미한 잡담에 몰두하는 비본래적 세인das Man은 오늘날 손에서 휴대폰을 놓지 못하는 숱한 가짜뉴스 중독자들의 모습으로 나타난다. 100년 전 하이데거가 비판한 비본래적 실존은 그래도 과학기술의 논리에 지배를 받는 수준이었다. 오늘날 그들은 개소리와 가짜뉴스의 비논리에 지배를 받는 수준으로 무섭게 타락했다.

이 시대 개소리의 만연은 그저 개인적 일탈 현상이 아니다. 인터넷 기술 변화에 약삭빠르게 적응하여 개소리를 주력 상품으로 수익모델화한 이익집단과 이를 콘텐츠로 즐기는 방대한 소비자 집단의 출현과 깊은 관계가 있다. 마르크스식 용어를 쓰자면, 정보의 생산 및 교환양식에 경제적 토대를 둔 정치, 문화적 상부구조적 현상의 성격을 띤다. 정치와 언론 등 상부구조의 주요 영역에서 참/거짓을 중시하는 언어게임이 쇠퇴하고 사태의 진실에 무관심한 언어게임이 확산되는 현상은, 디지털 가상 공간에서의 삶이 현실 세계의 삶보다 비중이 커지며, 객관적 실재에 대한 접점이 축소되는 생활양식의 근본 변화와 맞물려 있다. 비트겐슈타인의 표현을 따르자면 우리의 언어게임에 맥락을 제공하는 삶의 형식이 바뀌는 것에 뿌리를 두고 있다.

디지털은 우리를 이중적으로 객관적 실재와 유리시킨다. 첫째는 그것이 현실 세계와 절반쯤 단절된 가상세계라는 점에서, 둘째는 사람들이 인터넷이라는 광대한 정보의 바다에서 다양한 타자들과 교류하는 대신, 점점 더 '가는 곳만 가고 아는 것만 아는' 고립된 섬들에 동질 집단끼리만 모이면서 타자로부터 유리되는 사일로 현상을 보인다는 점에서. 이 고립된 동질적 가상세계의 언어게임에서는 소집단 내의 정합성만으로 진리의 조건이 충족되는 (것으로 치는) 엉성한 규칙이 적용된다. 이 가상세계는 칸트가 말한 선험적 종합판단이 정치를 비롯한 모든 영역에서 남발되는 저들만의 절대 진리의 공간이기도 하다.

객관적 실재와 유리된 삶의 방식이 확산될수록 사태의 진상에 대한 관심은 엷어질 수밖에 없다. 문제는 오늘날 개소리가 만연하는 현상에 기술적 토대를 제공하는 가상세계가 조만간 객관적 실재와 동등한, 아니 그것을 넘어서는 지위를 얻을 것이라는 피할 수 없는 전망이다. 철학자 데이비드 찰머스는 《리얼리티+》에서 가상세계가 진짜 세계 못지않게 실재하는real 것이며, 우리가 머지않은 미래에 현실 세계를 떠나 가상세계에서 인생의 의미를 찾게 될 것이라 전망한다. 그렇다면 객관적 현실이 아닌 가상세계 속에서 사는 인간의 삶에서 사태의 진상이 무엇인지에 대한 관심은 도대체 어떤 형태로 남게 될까?

해리 프랭크퍼트와 《개소리에 대하여》에 관한 단상들

강성훈(서울대학교 철학과 교수)

'개소리에 대하여'라니? 이게 도대체 저명한 철학자가 논의할 만한 주제인가? 이 책의 제목이 주는 당혹감은 역설적으로 철학이라는 것이 어떤 작업인지를 우리에게 상기시켜 준다. 보편학으로서 철학은 전체로서의 세계와 인간 존재 자체에 대해 근본적인 물음을 던지고 그에 대한 답을 모색한다. 그러다 보니 철학자들은 종종 '자유와 필연'이라든지, '언어와 세계'라든지, '이성의 가능성과 한계' 따위의 소위 '심오하고 거창한' 주제들을 다룬다.

하지만 철학이 보편학이라는 이야기는 개별 학문이 다룰 수 없는 보편적인 주제들이 철학의 주제가 될 수 있다는 이야기만이 아니라 철학이 다루지 못할 주제가 없다는 이야기이기도 하다. 그것이 심지어 개소리와 같은 상스러운 주제라고 하더라도 말이다.

해리 프랭크퍼트라는 이름을 처음 알게 된 것은 학부졸업논문을 쓸 때였다. 나는 도덕적 책임과 결정론이 양립가능한지 여부에 대한 논문을 쓰고 있었다. (석사학위논문이나 박사학위논문보다 학부졸업논문이 더 거창한 주제를 다루는 경우가 종종 있는데, 나 역시 그런 경우였다.) 프랭크퍼트의 〈의지의 자유와 인격체 개념Freedom of the will and the concept of a person〉이나 〈대안적 가능성들과 도덕적 책임Alternate possibilities and moral responsibility〉 등의 논문들은 내가 졸업논문을 쓰면서 단연코 가장 즐겁게 읽었던 글들이었다. 졸업논문에서 나는 양립불가능론을 옹호하였으니 양립가능론자인 프랭크퍼트의 결론은 거부할 수밖에 없었지만, 당시에 접했던 어느 양립불가능론자의 글들보다도 오히려 프랭크퍼트로부터 가장 많이 배우기도 했다.

대학원에 가서 나는 학부졸업논문과는 별 상관이 없는 고대 그리스 철학을 전공하게 되었는데, 몇 년 후에 마침 프랭크퍼트가 있는 학교로 유학을 가서 수업에서 그를 직접 볼 수 있게 되었다. 프랭크퍼트가 세계적인 유명세를 얻은 것은 방금 이야기한 것과 같은 도덕적 책임 관련 글들 때문이었지만, 사실 그의 주전공은 근세철학이었다. 철학계 내부에서는 그의 데카르트 관련 글들이 제일 먼저 알려졌었고, 내가 다니던 학교에서도 그는 근세철학을 주로 담당하는 교수였다. 나는 데카르트의 코기토('나는 생각한다') 관련 글을 써서 그에게 제출했는데, 프랭크퍼트는 내가 쓴 글의 결론에 동의하지는 않지만 재미있게 읽었다면서 좋은 코멘트를 해주었다. 도덕적 책임에 대한 학부졸업논문을 쓰면서 그의 글들에 대해 좋은 인상을 가졌다가, 대학원생이 되어서 데카르트에 대해 쓴 글을 그에게서 평가받게 되었으니 어느 정도는 묘한 인연이었다고 하겠다.

몇 년 후에 그가 사랑에 관한 글을 썼다는 이야기를 듣고, '은퇴하시더니 그런 글도 쓰시는구나' 하는 정도의 생각을 했었다. 그리고 꽤 오랜 세월이 지난 후에, 나는 대학입시 구술고사 면접관으로서 프랭크퍼트를 다시 접하게 되었다. 구술고사 면접관은 오전에 두 문제 오후에 두 문제, 이렇게 총 네 문제를 접하게 된다. 내가 접했던 네 문제 중에서 가장 인상 깊었던 것은 빈말과 거짓말을 구별하는 문제였다. 한 학생이 빌 클린턴이 모니카 르윈스키와 관련해서 했던 이야기를 빈말의 예로 들었던 것은 구술면접이 끝나고 나서 학과 선생님들 사이에서 회자되기도 했다. 이 문제를 출제한 동료교

수로부터 이 문제가 프랭크퍼트의《개소리에 대하여On Bullshit》에서 발췌된 것이라는 이야기를 듣고, '사랑에 관한 글을 쓰시더니 이제는 BS에 대한 글도 쓰셨구나' 하는 정도의 생각을 했었다. (미국인들은 글에서 이 단어를 쓸 때 보통 'BS'라고 쓴다. 아마도 이 단어 그대로를 눈으로 보는 것은 왠지 불편해서일 것으로 보인다. 그리고 이제야 알게 된 사실이지만, 참고로 말하자면《개소리에 대하여》는 프랭크퍼트가 사랑에 관한 글을 쓰기 전에, 은퇴하기 한참 전에 쓴 글이다. 책으로 출간되어 유명세를 타게 된 것이 2000년대의 일이었을 따름이다.)

그러다가 얼마 전에 이 책의 번역에 대한 소개 글을 써달라는 부탁을 받았다. 역시 묘한 인연이다. 그리고 소개 글을 쓰기 위해서 드디어 이 책을 읽게 되었다. 나는 지독하게 책을 느리게 읽는 편이지만, 논문 한 편 정도 분량의 짧은 책이라 읽는데 걸리는 시간은 얼마 되지 않았다. 하지만 다 읽고 난 지금은 그의 이야기의 함축과 관련해서 여러 가지 생각이 오랫동안 머리를 맴돌고 있다. 이러한 생각들 중 단연 가장 첫 번째 것은, 바로 이 책이 증명해 주듯이, '개소리'라는 것은 아주 훌륭한 철학적 주제가 될 수 있다는 것이다.

프랭크퍼트는 우선 '개소리'라는 말, 보다 정확하게는 영어 단어 'bullshit'의 의미와 용례에 대한 분석에서 시작해서 사회비판으로 나아간다. 하지만 그는 여기에서 그치지 않는다. 다소 거창하게 말하면, 프랭크퍼트는 현대에 만연하고 있는, 혹은 그가 현대에 만연하고 있다고 생각하는, 어떤 철학적 사조에 대한 비판도 묘하게 끼워 넣고 있다. '개소리'에 대한 분석이 어떤 식으로 사회비판이 될 수 있는지는 이미 '옮긴이의 말'에서 충분하게 이야기된 것으로 보인다. 나는 철학을 공부하는 사람으로서 프랭크퍼트의 '개소리' 분석이 가지는 철학적 함축에 대해서 아주 간단하게만 이야기해 보고

자 한다.

프랭크퍼트는 "개소리쟁이는 진리의 권위에 조금도 신경 쓰지 않는다"(64쪽)고 이야기한다. 진리의 권위에 신경 쓰지 않는다는 말은 무슨 말인가? 자신이 하는 말이 참인지 거짓인지에 별 관심이 없이 아무 말이나 떠들어 대는 사람은 물론 진리의 권위에 신경 쓰지 않는 사람이다. 더구나 이런 사람이 어떤 은밀한 목적을 가지고 겉으로는 입에 발린 소리를 하고 있다면 그런 경우는 더욱 말할 필요도 없겠다. 그런데 누군가가 자신이 하는 말이 참이라고 진심으로 믿으면서 개소리를 하는 경우는 있을 수 없을까? 예를 들어《환단고기》등에 나오는 이야기들이 모두 역사적 사실이라고 굳게 믿고서 주류 역사계가 모두 틀렸다고 열변을 토하는 사람은 어떨까? 그가 자신의 주장이 참이고 그 반대 주장이 거짓이라는 것을 증명하는 데에 아주 큰 열의를 보인다는 사실만으로도 그는 진리의 권위에 신경을 쓰는 사람이 되고, 따라서 그의 말은 개소리라는 오명을 피할 수 있게 되는 것일까?

짧은 글이다 보니 프랭크퍼트가 이러저러한 사례를 모두 고려해서 거기에 친절한 설명을 덧붙이는 것은 아니지만, 적어도 지금 우리의 사례에 대한 대답은 그의 글에서 찾을 수 있다. 진리의 권위에 대한 존중은 그에 따르는 규율을 수반한다. 이것이 그가 개소리쟁이를 적절한 규율을 따르지 않는 게으른 장인에 비유한 이유이다(28쪽). 물론 장인에게 요구되는 규율과 진리 존중에 수반하는 규율이 같은 종류의 규율은 아니다. 후자에 해당하는 규율은 "무엇이 참이고 무엇이 거짓인지를 결정하기 위해 사심 없이 노력하는 것이 가치 있는 일이라는 확신"(67쪽)에 기초하며 "정확성이라는 이념에 대한 헌신"(68쪽)이 요구하는 규율이다. 이러한 규율의 구체적 내용은, 주어진 증거들을 세심하게 살피는 일, 자신의 주장이 틀렸을 수도 있다는 가능성을 처음부터 인정하는 일, 자신의 생각이나 주장에 반하는 증거들을 오히려 더 열심히 찾아 나서는 일 등을 포함할 것이다. 그래서 자신의 주장이 참이라는 데 대해서 무조건적인 신뢰를 보이는 사람은 오히려 진리의 권위를 승인하는 사람이 아닐 가능성이 있으며, 그런 사람은 상황에 따라서 개소리를 하게 될 가능성이 농후하다.

진리에 대한 굳은 신념이 개소리하기를 피할 수 있는 충분조건이 되지 못하듯이, 진정성이 있다는 것 역시 개소리하기로부터 우리를 지켜 주기에 충분한 보호막이 되지 못한다. 물론 대부분의 개소리쟁이들은 진정성 없이 "개소리를 해서 상황을 헤쳐 나가"려는(54쪽) 태도를 보이곤 할 것이다. 하지만 그렇다고 해서 개소리를 하는 사람이 모두 진정성이 없다고 할 수는 없다. 프랭크퍼트의 진단에 따르면, 누군가의 지식과 발언 내용 사이의 괴리는 개소리를 발생시키기 마련이다. 민주시민으로서 나라의 중대 사안 모두에 대해서 어떤 의견을 가져야 한다는 도덕적 의무감을 가진 사람은(66-67쪽 참조), 진정성만 있으면 된다는 것을 자기위안으로 삼고 자신이 정확하게 알지 못하는 사안에 대해서도 이러저러한 발언을 하고 또 해야 한다는 생각을 할 수도 있다. 미안한 말이지만, 그런 사람은 십중팔구 개소리를 할 수밖에 없다. 프랭크퍼트는 '말할 수 없는 것에 대해서는 침묵해야 한다'보다 한 걸음 더 나아가서, '정확하게 알지 못하는 것에 대해서는 침묵해야 한다'고 주장하는 것으로 보인다.

프랭크퍼트는 진정성으로는 충분하지 않다는 것을 통해서 넓은 의미의 '반실재론' 일반을 비판한다. 그가 타깃으로 삼는 것은, '진리'를 시대착오적인 낡은 개념으로 생각하는 태도이다. 프랭크퍼트는 그런 생각을 가진 사람이 틀렸다고 주장하는 것은 아니다. 다만 그런 생각을 가진 사람은 침묵하거나 아니면 계속해서 개소리만을 지껄일 수밖에 없음을 지적하는 것이다. (이러한 비판에서 이성주의자로서 프랭크퍼트의 면모가 어느 정도 드러나는 것으로 보인다. 앞에서 이야기했듯이, 데카르트를 비롯한 17세기 합리론이 그의 주전공이었다.) '반실재론자'가 프랭크퍼트의 이러한 비판에 대답하기 위해서는, 그의 개소리 분석을 거부하거나 어떤 상황에서는 개소리를 해도 괜찮다는 것을 승인할 수 있는 방법을 찾아야 할 것이다.

직업상 많은 글들을 읽게 되지만 (직업에 어울리지 않게 기억력이 나쁜 나에게는) 극히 소수의 글들만이 오래도록 기억에 남는다. 25년쯤 전에 학부졸업논문을 쓰면서 읽었던 프랭크퍼트의 글들은 아직도 그 내용의 대부분을 기억하고 있다. 지금 이 소개 글을 쓰기 위해 읽은《개소리에 대하여》도 오래도록 기억에 남을 것 같다. 이제 이 소개 글을 마칠 때이다. 책의 중간에 독자를 위한 연습문제를 하나 남겨 둔(54쪽) 프랭크퍼트를 흉내 내서, 나도

이 책을 모두 읽은 독자를 위한 연습문제를 하나 남기면서 이 글을 마치려고 한다. 개소리에 대한 프랭크퍼트의 분석이 맞다면, 내가 여기에서 한 이야기들 중에서는 어디까지가 개소리이고 어디까지가 개소리가 아닐까?

지은이 해리 G. 프랭크퍼트

저명한 도덕철학자. 자유의지와 도덕적 책임에 관한 연구 및 데카르트의 이성주의에 대한 탁월한 해석으로 철학사에 업적을 남겼다. 저서로는 《진리에 대하여》, 《불평등에 대하여》, 《사랑의 이유》, 《필연성, 의지, 그리고 사랑》, 《우리가 신경 쓰는 것의 중요성》 등이 있다. 프린스턴대학교에서 철학과 명예교수를 지내다가 2023년 7월에 타계하였다.

옮긴이 이 윤

서울대학교 철학과를 졸업하고 워싱턴 주립대학교에서 경영학 석사학위(MBA)를 받았다. 《굿바이 카뮈》의 저자이고, 엮은 책으로 《비트겐슈타인의 인생 노트》가 있다. 옮긴 책으로는 《비트겐슈타인의 추억》, 《비트겐슈타인, 침묵의 시절》, 《비트겐슈타인 회상록》, 《러셀 교수님, 인생의 의미가 도대체 뭔가요?》, 《종교 본능》, 《인간은 왜 티끌을 핥는가?》가 있다.

개소리에 대하여

초 판 1쇄 발행 | 2016년 10월 31일
초 판 14쇄 발행 | 2023년 1월 27일
개정판 1쇄 발행 | 2023년 8월 16일
개정판 6쇄 발행 | 2025년 8월 1일
개정증보판 1쇄 발행 | 2026년 1월 2일

지은이 | 해리 G. 프랭크퍼트
옮긴이 | 이 윤
펴낸이 | 이은성
펴낸곳 | 필로소픽
편 집 | 구윤희, 고정희, 김승현
디자인 | 이윤진
주소 | 서울시 종로구 창덕궁길 29-38, 4-5층
전화 | (02) 883-3495
팩스 | (02) 883-3496
이 메 일 | philosophik@naver.com
등록번호 | 제2021-000133호

ISBN 979-11-5783-387-0 02100

필로소픽은 푸른커뮤니케이션의 출판 브랜드입니다.